すぐに役立つ

最新 マンションを「売るとき」「買うとき」の法律マニュアル

弁護士・行政書士 **木島 康雄** 監修

三修社

```
┌╌╌╌╌╌╌╌╌╌╌╌╌╌╌╌╌╌╌╌╌╌╌╌╌╌╌╌╌╌╌╌╌╌╌╌┐
╎       本書に関するお問い合わせについて        ╎
╎  本書の内容に関するお問い合わせは、お手数ですが、小社  ╎
╎  あてに郵便・ファックス・メールでお願いします。     ╎
╎  なお、執筆者多忙により、回答に１週間から１０日程度を  ╎
╎  要する場合があります。あらかじめご了承ください。    ╎
└╌╌╌╌╌╌╌╌╌╌╌╌╌╌╌╌╌╌╌╌╌╌╌╌╌╌╌╌╌╌╌╌╌╌╌┘
```

はじめに

　少子高齢化に伴う度重なる法改正や、医療費や介護費の増大化により、経済の流れは不透明で先の見えない状態です。将来の生活や年金額に不安を覚える人も多いことでしょう。

　そんな中、「マンション」の存在が注目されています。居住施設としての役割の他、「資産」として購入した上で他人に貸すことにより、家賃の収入を得ることもできます。リスクの高い物件を避け、堅実な取引を求める人にとっては、マンションは収益が期待できる高い価値を持つ存在になります。また、所有するマンションを売却する場合もあります。その理由も実にさまざまで、たとえば居住するマンションから別の居住地へ引越しする場合や、緊急に資金が必要となった場合などがあります。また、法改正のタイミングで売却を考えるケースもあります。マンションは、決して安いものではありません。そのため、売買する場合は慎重に適切な方法で行う必要があります。しかし、いざ、売ろう・買おうと思った場合、まず何をすればよいのかわからない場合が多いことが予想されます。

　本書は、マンション売買に基づくさまざまな知識を得るための入門書です。とくに購入する場合を想定して、種類や優良物件の判断基準など、購入前に知っておくべき内容について説明しています。また、広告のチェック方法や昨今、問題になっているマンションの構造や基礎部分についての建築基準法などの法律規制、購入手続き、購入後に直面する管理・修繕などの問題点などを流れに沿って記載しました。この他、リフォームや住宅ローン、保険、税金の知識、手付や住環境などの問題についてもとりあげています。

　本書を通じて、マンション売買を検討している皆様のお役に立つことができれば幸いです。

監修者　弁護士　木島　康雄

Contents

はじめに

第1章　マンション購入を考える前に

1 マンションと戸建住宅の違いを知っておこう　　10
2 賃貸と持家の違いを知っておこう　　12
3 どんなマンションに資産価値があるのか　　15
4 マンション購入で悩んでいる場合の判断基準　　20
5 買うと後悔するマンションについて知っておこう　　22
6 買って安心できるマンションの判断基準を知っておこう　　26
7 マンションをめぐる法律にはどんなものがあるのか　　29

第2章　落とし穴にはまるな！広告の読み方や交渉時のチェックポイント

1 不動産業者について知っておこう　　34
2 マンション広告の読み方に注意する　　38
3 モデルルームにだまされてはいけない　　44
4 ムダな共用施設がないかをチェックする　　48
5 新築マンションの値引き交渉について知っておこう　　52
6 中古マンションについて知っておこう　　55
7 中古マンションの値引き交渉について知っておこう　　59
8 中古マンションを購入する場合のチェックポイント　　61
Column　アフターサービスもあなどれない！　　64

第3章　マンション建築をめぐる法律と構造上の問題点

1 新築マンションはどのように作られるのか　　66
2 マンションの構造について知っておこう　　72
3 建築基準法と容積率・建ぺい率について知っておこう　　74

4	マンション購入の際には用途地域にも注意しよう	76
5	図面を上手に活用する	80
6	建物を建てることのできる高さの規制はどうなっているのか	84
7	建物の基礎について知っておこう	88
8	耐震性基準について知っておこう	91

第4章　購入物件を決めたら

1	契約前のチェックポイントをおさえておこう	96
2	売買契約書について知っておこう	101
3	手付金について知っておこう	105
4	重要事項説明書はとても大切	107
5	住宅ローンを組むときの注意点について知っておこう	110
6	住宅購入時や購入後にかかる費用について知っておこう	115
7	フラット35その他のローンについて知っておこう	119
8	申込みまでの流れをおさえておこう	122
9	住宅ローンの審査について知っておこう	125
10	住宅ローンを組むと抵当権が設定される	127
11	保証会社と代位弁済について知っておこう	130
12	住宅ローンに関する税金について知っておこう	133
13	住宅ローン控除とはどのようなものなのか	136
14	親から贈与を受ける場合に気をつけること	140
15	マイホーム購入後に税務署からお尋ねがくる	145
16	保険の見直しを検討する	148
17	団体信用生命保険とはどんな保険なのか	151
18	火災保険や地震保険など各種保険のしくみについて知っておこう	153

第5章 マンションの管理状況・住環境・欠陥トラブルの知識

1 マンションを買うと管理をしなければならない　158
2 マンションはどのように管理すればよいのか　160
3 専有部分と共用部分の関係はどうなっているのか　166
4 共用部分や専用部分の管理について知っておこう　169
5 管理規約や使用細則にはどんなことを定めるのか　172
6 管理費負担のとりきめはどうなっているのか　177
7 管理委託費について知っておこう　179
8 管理費を安くする方法はないのか　181
9 管理会社の良し悪しはどう見るのか　184
10 こんな管理組合には危険がいっぱいある　187
11 マンションの修繕と修繕積立金について知っておこう　189
12 大規模修繕について知っておこう　193
13 建替え・復旧について知っておこう　195
14 その他管理上の注意点について知っておこう　198
15 騒音トラブルについて知っておこう　201
16 指定確認検査機関について知っておこう　203
17 マンション購入後欠陥が見つかった場合にはどうする　205
18 欠陥住宅・マンションの被害にあったらまず何をする　211

第6章 マンションの売却・買い替え・リフォームの知識

1 不動産を売る場合の常識をおさえておこう　214
2 買い替えについて知っておこう　217
3 家を売ったときも税金がかかる　220
4 リフォームについて知っておこう　224

5　リフォームローンについて知っておこう　227
Column　先着順と抽選方式の違い　230

第7章　Q&Aでわかる！　マンションをめぐる法律問題

1　マンションの登記は一般の土地・建物の登記と記載が異なると聞いたのですが、具体的にはどのような違いがあるのでしょうか。　232

2　「わけあり物件」に関心があり、購入を検討していますが、どんなことに注意すればよいのでしょうか。デメリットはあるのでしょうか。　233

3　手付金を没収されることがあると聞きましたが、どのような場合なのでしょうか。相手の説明に問題があったような場合も同様なのでしょうか。　234

4　分譲マンションの一室を購入したのですが、支払う管理費の負担割合がよくわかりません。管理費はどのように負担するものなのでしょうか。　235

5　中古マンションを購入する場合、前の持ち主が管理費などを滞納しているとその分を支払わなければならないことがあると聞きましたが、本当なのでしょうか。　236

6　駐車場つきのマンションを購入しましたが、引越し後になって「駐車場が使えない」と不動産会社に言われた場合、契約は解除できるのでしょうか。　237

7　手付金150万円を支払った完成前のマンションの解約を申し入れたのですが、マンションの完成が近いことを理由に違約金を請求されました。手付の放棄だけでは足りないのでしょうか。　238

8　作曲家という職業柄、昼も夜も静かな環境を求めてマンションを購入したのですが、表示通りの防音性を備えていない場合、どうすればよいのでしょうか。　239

9　建物に日照をさえぎられる場合、日照権侵害を理由に工事差止めや損害賠償請求をすることはできるのでしょうか。　240

10 購入後に「雨漏りすることで有名な欠陥マンション」であることを知りました。修理はしているようですが、今から解除することはできないのでしょうか。　242

11 先日、大きな地震があり、購入したばかりの中古マンションが大きく損壊してしまいました。何らかの修繕工事が必要だと思うのですが、その際にはどのような手続きを踏む必要がありますか。　243

12 出納業務などの管理を管理会社に委託している場合で、マンションの管理を委託している管理会社が倒産すると組合員から集めた管理費や修繕積立金はどうなるのでしょうか。　244

13 専用庭がついている分譲マンションの1階を購入しました。早速専用庭に小型の物置を置こうと思うのですが、問題はありませんか。　245

14 3000万円で新築マンションの部屋を購入した半年後、3200万円だった条件のよい部屋が2500万円に値下げされました。納得がいかないのですが、どうしようもないのでしょうか。　246

15 分譲業者が破たんした場合どうなるのでしょうか。　247

第 1 章

マンション購入を考える前に

1 マンションと戸建住宅の違いを知っておこう

それぞれの特徴を理解して購入者の目的に合わせた住宅を選択する

● マンションを買う時の常識

　建物の内部が各戸に区分されており、それぞれについて所有権（区分所有権）が設定されているマンションのような建物を**区分所有建物**といいます。区分所有者間の関係については、区分所有法が定められていますが、マンションごとに違った考慮が必要になる場合もあり、区分所有者間の関係をすべて法律で定めることは不可能です。そこで、個々のマンションごとに自主的な管理のルール（管理規約）を定め、区分所有者全員で構成される**管理組合**の存在が重要になります。管理組合は、各区分所有者が集まって話し合い、意思決定をする機関です。マンションを購入する場合には、中古、新築にかかわらず、必ず管理が必要になることを忘れないようにしましょう。

　新築マンションを購入する場合、とくにローンの金利に気をつけましょう。入居の申込時期とマンションが完成して融資が実行される時期との間には、半年から1年程度の差があります。フラット35や金融機関のローンは、融資実行時点での金利が適用されます。融資が実行されるまでに金利水準が変わっていることもあるので注意が必要です。

　なお、ワンルームマンションについては居住用ではなく、投資用として購入するケースも多いため、ワンルームマンションの購入については融資しないという民間金融機関もあるようです。

　新築マンションの場合、最も注意しなければならないのは、購入後の価値の下落です。場合によっては、「購入後1年で価値が半減」というケースもあります。したがって、仮に購入後、売却しなければならないような事情が起こった場合には、売却価格が予想以上に安く

なってしまう恐れがあります。

● 戸建住宅とはどんなものなのか

　住居には、マンションなどの集合住宅の他にも、土地つきの一軒家があります。一軒家はさらに土地だけを買って自分で建てる注文住宅などの場合と、あらかじめ建築済みの戸建住宅を購入する場合があります。また、すでに完成している住宅を購入する場合、購入する住宅が新築の場合を新築建売住宅、中古の場合を中古建売住宅と呼びます。

● マンションにはどんな利点があるのか

　一般的にマンションの立地は、購入者にとって魅力的である必要があるため、最寄駅からの距離が近い物件が多いという利点があります。また、実際の生活においても、戸建の住宅は上下階の移動が必要であり、形態もさまざまであるため、清掃等の負担が大きくなります。しかし、マンションは、構造が比較的平面的ですので、清掃をはじめ家事全般が行いやすいというメリットがあります。

● 戸建の方がよい部分もある

　戸建住宅はすでに家ができあがっているため、自分で建てる場合と比較すると建築の計画や発注などの面倒な工程を省くことができるというメリットがあります。さらに工事の途中で思いがけない追加費用を請求されたり、できあがった家が当初の予定とはかけ離れていたといったトラブルに遭遇することも比較的少ないといえます。

　また、建売住宅は、すでに検査済みであるため、注文住宅の場合に必要だった建築確認などの手続きが不要という点があります。また、建売住宅には立地場所、外観、階層、間取り、方角などの状況が現地検分によって簡単にわかるというメリットもあります。

2 賃貸と持家の違いを知っておこう

どちらが有利かはライフスタイルや価値観によって変わってくるので一概にはいえない

● マンションに住むなら賃貸か持家か

　マンションへの居住を考える場合、まずはマンションの形態について検討する必要があります。

　マンションには、**賃貸マンション**と**持家のマンション**という、2つの形態があります。マンションへの居住を希望する者それぞれの希望や置かれた状況に応じて異なるため、「賃貸と持家のどちらが有利か」ということは一概にはいえません。

　しかし、近年、マンションデータの偽装問題が取りざたされ、対象となったマンションを購入した人たちは、憤りや不安を感じていることが現状です。この問題を受けて、持家のマンションに対して懸念や不安をかかえる者が増え、賃貸マンションを選択するケースが増えているともいわれます。

　このような点をふまえた上で、以下の項目では、賃貸マンション・持家のマンションそれぞれのメリット・デメリットについて見ていきましょう。

● 賃貸のメリット・デメリット

　賃貸マンションとは、貸主と借主が「賃貸借契約」を締結することで、借主が居住することが可能となるマンションのことです。

　「賃貸マンションの方がよい」と考える人の多くは、その理由を「転勤等の雇用上の理由」を挙げています。全国に支店がある会社の総合職など、異動やそれに伴う転勤等がある仕事に携わる人にとっては、持家のマンションを持つことは適切ではなく、赴任地でマンショ

ンを渡り住むことが、非常に便利であると考えられているためです。
　また、最近の人々の意識の中には、持家のマンションを所有していることがある種の「ステータス」になるという考えが弱くなり、むしろ、永年のローンに縛られることを敬遠する場合が多くあるため、賃貸マンションを選択することにメリットを感じる場合があります。
　さらに、賃貸マンションの場合は、維持費用や税金の負担を必要としない、というメリットもあります。
　一方、賃貸マンションには、家賃として賃料の支払いが必要です。同じように賃料の支払いを要するアパートに比べ、高額な賃料が設定されている場合も多くあります。また、いくら賃料を支払い続けたところで、あくまでも賃貸マンションは賃貸借契約の上で貸主から借りている居住地であるため、そのマンションが自分の所有物になることはあり得ません。

● 持家のメリット・デメリット

　持家のマンションとは、売主から新築（および中古）のマンショ

■ 賃貸・持家のメリットやデメリット

賃貸マンション
メリット
・転勤族には好都合
・ローン負担を回避
・租税負担なし
デメリット
・賃料負担あり
・手元に残らない

持家マンション
メリット
・家賃負担なし
・手元に残る
デメリット
・租税負担あり
・劣化しても引っ越せない

第1章　マンション購入を考える前に

ンを購入することです。

　持家のマンションの方がよいと考えている人の多くは、「家賃を支払う必要がない」ことを挙げています。とくに、比較的高い金額の賃料を支払っている場合には、決して自分の物にはならない居住地へ家賃を払い続けることを避けるため、持家のマンションを求めるケースがあります。

　持家マンションを購入する場合は多くの人がローンを組むため、毎月賃料を支払うことと大差がないように思えますが、支払完了後はマンションが買主の所有物となる点が大きく異なります。自分の手元にマンションが残るため、持家のマンションを選択することになります。

　ただし、持家のマンションの場合、住民が租税に関する事務すべてをこなさなければならないというデメリットが存在します。また、新築マンションを購入した場合でも、長年住み続けていると、傷みや劣化が生じるものです。賃貸マンションに住んでいる場合は、傷みが目立ってきた時点で他の物件に引っ越しを行えばよいことになりますが、持家のマンションでは、傷んできた場合にも一般的には即座に他の物件に移転することは困難です。

● それぞれのライフスタイルや価値観で異なる

　以上のように、賃貸マンションと持家マンションそれぞれのメリット・デメリットを概観してきました。雇用環境や、財産の所有ということに対する認識の違いなど、ライフスタイルや価値観によって、いずれのマンションの形態が好まれるのかが変わってきます。

　たとえば、持家のマンションは買主自身の財産になるため、自分が所有しているマンションに住むことがその人の価値観の中では重要なことであるといえます。家族構成や将来のライフ設計なども考慮の上で、マンションに住む形態を判断することになります。

3 どんなマンションに資産価値があるのか

値崩れのリスクがあることを念頭に置く

● マンションは資産価値があるかどうかで決まる

　マンションを購入したり売却したりするときには、そのマンションにどれだけの資産価値があるのかということを把握する必要があります。**資産価値**とは、言い換えると、市場においてどれだけ人気があるかということになります。つまり、買いたいと考える人が多く、売れる価格が高ければ高いほど、そのマンションには資産価値があるということになります。反対に、買いたいと考える人が少なければ、売れる価格が低くなりますので、資産価値も低くなります。そして、買い手が全く見つからないような状態になってしまった場合は、資産価値がないという評価を受けることになります。

● 資産価値のないマンションとは

　たとえば、新築の際に販売が好調であったマンションは、中古になっても買い手が見つかりやすいため、資産価値を保つことができます。一方、新築のときから販売が不調であったマンションは、中古として売却する際にも買い手が見つかりにくい傾向にあります。したがって、こうしたマンションは、資産価値がないマンションということができるでしょう。一般にマンションは、都市型と郊外型とに分類されます。都市型マンションとは、都心に建設されたマンションを指し、立地という点で非常に便利であると考えられているために、資産価値が高いと考えられています。一方、郊外型マンションとは、都心部から離れた場所に建設されたマンションを指し、環境の良さという点では利点があります。

しかし、郊外にある大規模なマンションは、資産価値がないと評価されることが少なくありません。マンションの大きな利点は、土地に限りがある都会において、利便性を確保した場所に住めるという点にありますから、利便性のない立地に建設された中古マンションに人気が集まることは考えにくいからです。

　さらに、嫌悪施設（周辺の人々から嫌われる施設）が近くにある場合も、資産価値を大きく下げる原因となります。嫌悪施設とは、人々の主観的なイメージによって変化しますので、確定的に何が該当するとはいえませんが、たとえば、風俗店や工場、廃棄物処理場、火葬所、墓地、刑務所、軍事基地などが例として挙げられます。近くに気になる施設がある場合は、資産価値を下げる原因にならないかどうか、よく調査することが大切です。

◉ ブランドマンションだから大丈夫というのはウソ

　大手有名企業の手がけるマンションは、テレビコマーシャルなどでもなじみ深く、高い知名度を誇っています。こうしたマンションは、一般に「ブランドマンション」と呼ばれており、市場においても高い人気を集めているようです。

　たしかに、このような大手企業の手がけるマンションは、その設備や仕様に一定の基準を設けて設計していますので、ある程度の安心感を持って購入をすることができます。

　しかし、ブランド名だけでマンションを選ぶことには危険が伴います。なぜなら、同じブランド名のマンションであったとしても、設計を担当した事務所まで同じであるとは限らないからです。また、マンションの施工には、着工から完成までの間に長い期間と多くの人間が携わることになります。大手の設計事務所が担当するマンションであったとしても、その間にさまざまなトラブルが生じる可能性は十分に考えられます。実際に、ブランドマンションにおいても、設計ミス

や手抜き工事などが発覚した例が存在しています。

　ブランドマンションを購入する場合も、その名前だけですべてを信用してしまうのではなく、他のマンションを購入する場合と同じように、さまざまな情報を自ら入手していくことが必要なのです。

● 新築マンションの中には値崩れが激しいものがある

　日本は他の国と比べて新築物件の人気が非常に高くなっています。これは、日本人に新築信仰というものが深く浸透しているためです。とくにこれといった理由がなくても、「新築は質が良く、中古は質が悪い」というイメージを抱いている人が少なくありません。たとえ良質な物件であったとしても、中古であるというだけで購入が倦厭されるということも珍しくないのです。こうした傾向は、マンションの購入時においても見られます。

　新築のマンションを購入する場合に最も注意しなければならないのは、たとえ新築マンションを購入したとしても、誰かが住み始めた

■ 資産価値のあるマンションと資産価値のないマンション ……

資産価値あり	資産価値なし
・新築のときから販売が好調であるマンション	・新築のときから販売が不調であるマンション
・都心など利便性の高い立地に建つマンション	・郊外など利便性の低い立地に建つマンション
・大手有名企業などが手がけるブランドマンション	・周囲に嫌悪施設がある（もしくは建てられる予定がある）マンション
・再開発エリアや昔から住宅地である地域など、需要が見込める立地に建つマンション	・定期的な修繕を怠っているマンション
・定期的に修繕が行われているマンション	

その瞬間から、その物件は中古マンションになってしまうという点です。購入後すぐに売却をしたとしても、そのマンションは中古という評価になってしまいますので、それだけで価値が80％～70％ぐらいに下がってしまう場合があるのです。

また、新築マンションの価格には、広告費用やモデルルーム費用なども上乗せされていますから、中古マンションとして売却する時にはそのような上乗せされた費用の分が値下がりしてしまいます。新築マンションを購入する際には、こうした値崩れのリスクがあるということを十分覚悟しておく必要があるのです。

◉ どんな中古マンションに資産価値があるのか

マンションは中古になると資産価値が下がってしまうことが一般的です。しかし、中には資産価値が下がらない中古マンションというものも存在しています。

たとえば、好立地にあるマンションは、中古であっても資産価値が下がりません。再開発エリア内のマンションは、今後、駅前の開発や道路の整備などが進み、住居の需要が増すことが予想されますので、資産価値を保つどころか、その価値が上がることも期待できます。

また、昔から住宅地として使用されている地域に建てられたマンションは、安定した需要を見込めますので、中古であっても資産価値が下がりにくいといえるでしょう。

立地以外にも、マンションの資産価値を保つ方法があります。たとえば、定期的に修繕を行っているマンションは、建物自体の状態が良い状態で保たれていることになりますので、中古マンションであっても資産価値を保つことが可能です。

◉ マンションの価格が適正かどうかどこで見分ける

気に入ったマンションを見つけたら、いきなり購入を決めるので

はなく、その価格設定が適正であるかどうかを必ず確認するようにしましょう。

マンションの価格が適正かどうかは、類似する過去の取引事例と比較することによって確認することができます。全国指定流通機構連絡協議会が運営する「レインズ・マーケット・インフォメーション」というウェブサイトを利用すれば、レインズ（不動産流通標準情報システム）に登録されている取引事例を誰でも簡単に閲覧することができます。

「レインズ・マーケット・インフォメーション」は、地域、沿線、最寄り駅、駅からの距離、単価、専有面積、間取り、築年数、用途地域、成約時期などの条件を選択して取引事例を検索することができます。マンションの適正価格を判断する客観的な材料として、非常に有益な情報となりますから、必ずチェックすることをお勧めします。

■ **新築マンションが値崩れする理由**

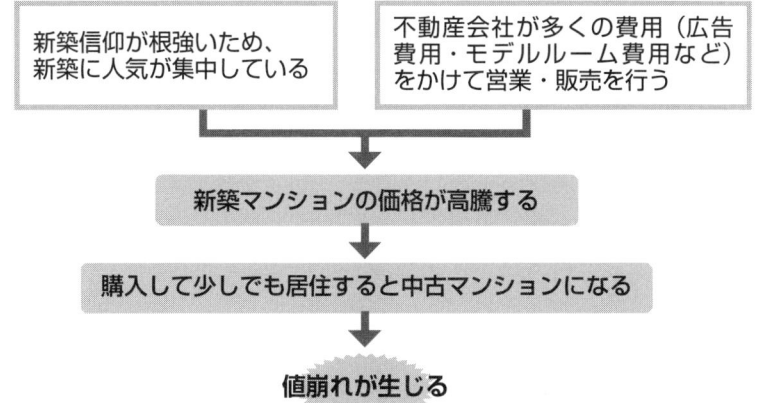

4 マンション購入で悩んでいる場合の判断基準

将来を見据えて購入物件を決める

● 間取りについてのチェックポイント

　よい間取りとは、どのようなものをいうのでしょうか。購入する個人が気に入っているかどうかという点も、もちろん重要ではありますが、一般的には、①スムーズな動線が確保されていること、②リフォームがしやすいこと、という2点が大きなポイントになります。

　動線とは、人の動く経路のことです。スムーズに動けることは、快適な生活空間を確保できているということになります。たとえば、玄関を長辺の真ん中に位置付ける「センターイン」という間取りの場合、各部屋から玄関までの動線が短くなり、出入りを快適に行うことができます。また、料理や洗濯などの日常の家事を行う動線を確保することも非常に重要です。

　長年住み続けていれば、ライフスタイルも変化します。その際、ライフスタイルに合わせたリフォームがしやすければ、快適な生活を続けていくことができます。たとえば、部屋が廊下などで分断されていない場合は、後々部屋を広い一部屋にすることも可能です。ただし、マンションの構造上必要な部分についてはリフォームによっても変えられませんので、購入時によく確認をするようにしましょう。

● マンションの安全性をどのように確認する

　マンションを購入する際には、マンションの安全性についての検討も怠ってはいけません。最近は地震や水害などの自然災害が頻繁に発生しています。こうした危険はどこで発生するかわからないため、完全に避けるということは不可能ですが、危険が生じたときに、より

被害が少なくて済む立地を選ぶことはできます。

　たとえば、川や海などの近くで標高が低い地域は、豪雨や津波などの災害に襲われる危険が高くなります。また、近くに川や海などがない場合でも、過去に埋め立てられた地域である可能性もあり、こうした地域は地盤が弱く、液状化や地盤沈下のリスクが高くなります。

　このような危険性を調べ、より安全性の高い立地を選択するために活用できるのが、各自治体の公表している**ハザードマップ**です。ハザードマップには、河川の氾濫による浸水、土砂災害、地震発生時の液状化や火災などの危険性が危険度別に記されています。こうした情報を集め、あらゆる角度から安全面を検討するようにしましょう。

● 仮に賃貸に出せるような価値があるかどうか考えてみる

　気に入ったマンションを手に入れたとしても、将来、さまざまな事情によってそこに住み続けることが困難になることがあるかもしれません。たとえば、急な転勤が決まった場合や、離婚することになった場合、家族の介護のために引っ越さなければならないという場合もあるでしょう。マンションを購入する際には、このような万が一の場合に備えて、マンションを賃貸に出すことができるのか、その価値があるのかということをよく検討しておくことも重要になります。

　まず、マンションを賃貸に出した場合に、どの程度の家賃収入を得ることができるのかを調べましょう。条件が似通ったマンションの賃貸情報を調べれば、ある程度の推測がつきます。

　次に、一定期間の経費（住宅ローンの支払い・管理費・固定資産税など）を計算し、家賃収入から経費を差し引きます。この計算でプラスが生じれば、賃貸に出せる価値があるということになります。反対に、マイナスが生じる場合は、賃貸に出せる価値がないということになりますので、住宅ローンの支払方法や購入すること自体について検討し直す必要があるでしょう。

5 買うと後悔するマンションについて知っておこう

構造・住環境・管理費などに不安があるマンション

● どんなマンションは買わない方がよいのか

　マンションの購入を検討する場合、自他ともに「買わない方がいい」と判断するものには、当然ながら「構造上で欠陥のあるマンション」が挙げられます。日本全国、どこで大きな地震が起きるかわからない状況下において、耐震基準をクリアした安全な居住地を選ぶことは当然であり、最悪の場合は倒壊の恐れがある欠陥マンションに住みたいと考える人はまずいないでしょう。

　また、マンションは人の一生において、非常に大きな買い物となります。そのため、売却時に金銭的な問題の生じる「相場に満たない価格での売却が予想されるマンション」も、敬遠すべきです。

　このような「買わない方がよいマンション」には、さまざまな特徴があります。以下の項目で、買わない方がよい理由について見ていきましょう。

● 建物の構造に不安がある場合

　構造上で欠陥があるマンションは、マンションの作り手がいい加減な作り方をすることで生み出されます。たとえば、設計の段階で手抜き行為を行った場合、そのマンションが設計どおりに建設されたとしても重大な欠陥が生じる可能性があります。また、旭化成建材株式会社による基礎工事段階でのデータ改ざん問題のように、設計データを流用するなどの手抜きを行った場合も同様です。とくにこの問題の場合は、建物を支える命綱ともいえる基礎工事の段階で不具合が生じているため、手がけた建設会社や作られたマンションに対する不信感

は、これ以上ないものがあります。

　さらに、実際に工事を手がける建設会社の作業員が手抜き工事を行う場合も同様です。たとえば、マンションの構造に重大な影響を及ぼす鉄筋コンクリートに問題がある場合や、短期間での工事を強いられる場合には注意が必要です。いくら綿密に計算された設計書があったところで、実際の作り手がずさんな管理体制の下で注意力を欠いて作業を行った場合、マンションに何らかの問題が生じる可能性が生じます。

　地震大国である我が国の場合、いつどこで大きな地震が起こるかがわからない状況です。そんな中、構造上で問題のあるマンションに住みたいと考える者はまずいませんし、「買いたくない」と考えることは当然だと予想できます。

　なお、マンションの問題点は、建設時における構造上の欠陥のみが理由となるわけではありません。たとえば、水回りの問題などの、マンション内部における欠陥も挙げられます。雨が降った際の雨漏れや水はけの悪さ、水道の水圧やトイレの排水などが生じた場合、居住者が生活する場合に何らかの問題や多大なストレスをかかえることになります。

　もし、そのようなマンションを購入した場合、実際の欠陥に対する被害を受ける他、欠陥が発覚した後の売り手との折衝などの手間がかかる恐れがあります。また、欠陥の噂が広まった場合、実際に売却する場合のマイナス要素となり、売却額が相場以下となるリスクも生じます。

● 住環境に不安がある場合

　住環境に不安のある場所に建設されたマンションは、購入を避ける場合が多くあります。

　たとえば、公共交通機関に難のある場合です。最寄り駅から徒歩

で何分かかる場所にあるか、ということは、マンション購入時において非常に重要なチェックポイントになります。たとえば、売り手からは「5分ほどで着きますよ」と言われていても、実際には10分以上かかる場合があります。地図を見る限りは近いイメージを抱いたとしても、実際は急な上り坂が続き、想定外の時間がかかる場合もあります。このようなケースを避けるため、必ず自身の足を使って試すことが重要です。また、「バス停が近い」という謳い文句のマンションの場合も熟考が必要です。バスが何分おきに到着するのかの確認や、雪などの交通障害が起きた場合の想定を行わなければなりません。

　電車や大きな道路に近い物件も要注意です。とくに道路沿いは深夜の騒音や排気ガスの危険性があるため、充分な検討を行う必要があります。

　日照時間に関することも重要です。一般的に、南側に面した建物は日当たりがよくないとされ、敬遠される場合があります。また、購入時点では日当たりがよい場合でも、隣地に高いビルなどが建ち、将来的に日陰となってしまうケースもあるため、購入を考えるマンション周辺の立地状況を確認する必要があります。

　この他、周辺状況を確認する際には、近辺の工場や川の有無を調査することも重要です。工場が近い場合は悪臭の恐れがあり、川が近い場合は大雨時の浸水の危険性があるためです。とくに浸水のリスクについては入念に調べておく必要があり、また、いざという時の避難場所への経路も、実際に移動する場合を想定しながら調査することが効果的です。

● 管理費などの高い場合も要注意

　マンションを分譲で購入した場合、マンション本体にかかる費用に加え、月々の管理費の支払や修繕費用の積み立てが必要になる場合が多くあります。自動車を持つ購入者の場合は、駐車場にかかる料金

の支払が生じます。決して安いとはいえない出費となるので、管理費の具体的価格についての検討を十分に行う必要があります。

　まず、戸数が少なくゆったりした環境で建設されたマンションは、比較的割高とされています。これは、マンションの場合は一戸建ての家とは異なり、マンションの管理を行う管理会社の経費負担が必要になるためです。一般的にマンションの管理費は、そのマンションを維持するためにかかる費用を、マンションの居住者で除して負担するしくみをとっています。そのため、戸数が多いマンションの場合は分母が増え、個々の負担額を抑えることができます。一方、戸数が少ないマンションの場合は分母が少なく、多い場合に比べて高くなります。

　また、駐車場の構造も重要です。平面での駐車場に比べ、機械を用いた駐車場には維持するための電力や保守料がかかるため、居住者が負担する金額が割高になる可能性があります。また、最近は以前に比べ車を所有しない世帯が増加しています。その影響を受けて稼働率が低い状態の駐車場では、管理のための金額が不足し、さらに厳しい状況となる恐れがあります。マンションを購入する場合は、駐車場についても念入りに調査を行う必要があります。

■ マンション購入にあたる懸念要素

住環境の不安
・公共交通機関の状況
・周辺の道路、電車
・日当たり
・臭気
・浸水・避難経路

管理費用の不安
・戸数の確認
　（少ない場合は管理負担増）
・駐車場
　（構造や稼働状況）

構造上の欠陥
・設計段階での手抜き（粗雑な設計・データ改ざん・流用）
・建設会社の手抜き（鉄筋コンクリート問題・工期・人手問題）
・内部の欠陥（雨漏れ・水圧・排水問題）

6 買って安心できるマンションの判断基準を知っておこう

将来にわたり交通の便・周辺環境・災害対策が充実したマンション

● 交通の便がよいこと

　「これなら購入しても安心だ」と思えるマンションとは、当然ながら、実際に快適な生活を送ることができる、という判断が下せるマンションのことです。

　その中でも、立地条件は購入を検討する場合において、非常にウエイトが大きい条件のひとつです。まず、最寄り駅までの経路が挙げられます。マンションから駅までの距離が近い方がよいということは言うまでもありませんが、実際の経路は一本道かどうか、歩くことが困難なほどの坂道はないか、などが挙げられます。

　また、人通りや照明などの治安面の確認も必要とされます。とくに女性や子どもがいる世帯の場合は、安全対策が十分にできるかを念入りに検討する必要があります。距離こそ近いものの、周辺に住宅や店舗がなく、人通りが少ない道路を移動する場合は、とくに夜間の危険性が増大します。

　さらに、最寄り駅が自身にとって快適な移動を可能とする場所にあるかということも重要です。通勤・通学の際にかかる時間や乗り換えの回数、また混雑状況も重要です。単に「通勤・通学地に近いから」という理由だけで選択した場合、実際の通勤で多くの乗り換えを強いられる場合や、乗車時にすでに満員状態で乗れない危険性が生じる場合があるため、注意する必要があります。

　なお、立地条件を検討する場合は、現状にとらわれず将来を想定して検討することが重要です。たとえば、近々オープン予定の店舗などの状況をチェックする必要があります。

● 道路や住環境、子育て環境

　人が生活する際に欠かせない「衣・食・住」の調達にあたり、日々の食料をはじめとした生活必需品の購入経路についても、念入りに検討を行う必要があります。

　たとえば、コンビニエンスストアやスーパー、病院やドラッグストア、銀行や郵便局などの立地が挙げられます。これらの店舗がマンションから近いほど、日々の生活の利便性が高くなります。また、通学や通勤時に急な雨に降られた際に傘を購入する場合などにも役に立ちます。

　また、子どもがいる世帯の場合は、学校や公園、子育てに関わる書類を提出する役所などの立地も購入条件になります。学校までの通学路の安全性や距離をはじめ、学区の評判などを検討する必要があります。とくに学力が高いなどで人気の学区の場合は、子育て中の家庭を想定したマンションの価格が高く設定されている場合があります。

　さらに、近辺の交通量も重要です。あまりに交通量が多い道路に面している場合は、交通事故の危険性が生じる場合もありますが、幅

■ 買って安心なマンションの判断基準

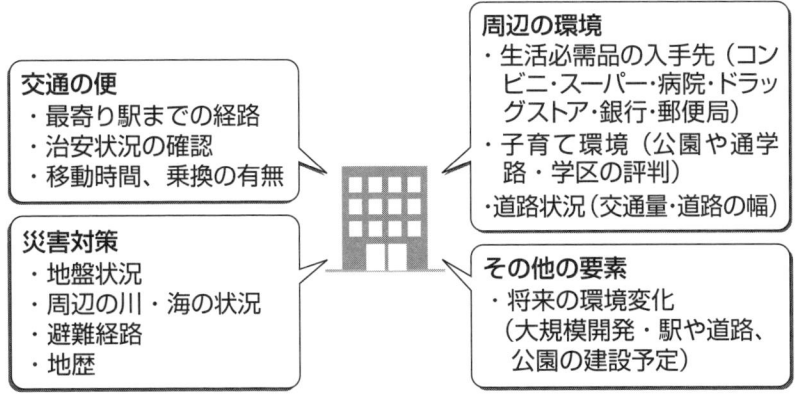

の狭い道路（6m未満）に面したマンションの場合は、将来において大きな修繕工事を行う場合などに大型車の乗り入れが困難となり、工事費用が高くなる可能性があるため、注意が必要です。

● 災害などに強いこと

　地球温暖化による異常気象による大洪水や大地震など、我が国は大災害にいつ見舞われてもおかしくない状況下に置かれています。そんな中、購入したマンションの災害対策についても、当然のことながら念入りに行う必要があります。

　たとえば、土地の地盤状況です。液状化マップやハザードマップの事前確認により、マンションの建設された土地の質を判断します。また、周辺の川や海などの状況も把握し、「水はけが悪くないか」「マンション周辺に多くの水たまりが残っていないか」などの確認も必要です。さらに、避難経路や避難場所などの確認も行い、不便がないかのチェックを行います。

　その他、過去にどのような建物が建っていたか、などの情報を入手することも、重要な判断基準になります。過去に土壌汚染が生じたことのある土地の倍は、人体に影響を与える恐れがあるためです。

● その他の要素

　上記の要件の他、マンションを取りまく環境が将来に向けて好転する可能性がある場合も、「買って安心なマンション」のひとつといえます。たとえば、これまで居住者があまりいなかった場所での大規模な開発を目的に建設されたマンションです。多くの人を集める必要があるため、利便性や安さを売りにすることが多く、将来は非常に快適な生活を送ることができる可能性があるためです。また、新しい駅や道路が予定されている場所のマンションも、人気が高い理由のひとつです。

7 マンションをめぐる法律にはどんなものがあるのか

区分所有法やマンション建替え円滑化法という法律がある

● マンションに関わる法律

　マンションについては、法律や指針などの整備も進められています。

　民法や区分所有法の他にも、たとえば、「マンションの管理の適正化の推進に関する法律」や「マンションの建替えの円滑化に関する法律」などがマンションに関する法律です。

　また、国土交通省が「マンション標準管理規約」を公表するなど、各種のマニュアルも発表されています。

　以下、マンションをめぐるおもな法律について見ていきましょう。

● 区分所有法

　法律上、マンションのことを区分所有建物といいます。そして、区分されたそれぞれの一戸を**専有部分**といい、それ以外の場所、たとえば、エレベーターや階段、廊下などを**共用部分**といいます。

　マンションでは1つの建物に複数の世帯が住んでいるわけですから、そこにはさまざまな利害の対立、意見の相違が出てきます。これを調整、規律するために、建物の区分所有等に関する法律（区分所有法）があります。しかし、区分所有者の関係をすべて法律で調整することは不可能です。そこで、個々のマンションで独自に敷地や付属設備などの管理方法を定めた管理規約が必要になります。

　なお、マンションの居住者の中に、区分所有権を買い受けた居住者と賃貸の居住者（賃借人）の双方がいる場合もありますが、管理組合、建替え、修繕、管理についての問題は分譲マンションを買い受けた居住者だけの問題です。賃借人については原則として管理について

の問題はでてきません。

◉ マンション建替え円滑化法

　マンションの建替えの円滑化等に関する法律（マンション建替え円滑化法）は、老朽化マンションの建替えが円滑に進むための法制度の整備を目的とした法律です。マンション建替え円滑化法に規定されているおもな内容は、①マンション建替え事業の主体として建替え組合の設立、②権利変換計画（建替え前のマンション所有者の権利が建替え後にどう反映されるかなどについて定めた計画）による権利関係の円滑な移行、③マンション建替え組合による権利の買い取り、④区分所有者に対して、代わりの住宅を確保するなど居住安定のための措置、などがあります。

◉ マンション管理適正化法

　マンション管理の適正化をめざすものとして、マンションの管理の適正化の推進に関する法律（マンション管理適正化法）があります。この法律は、マンション管理の適正化に関する指針の作成・公表やマンション管理業者の登録制度など、管理全般について規定しています。
　また、マンション管理適正化推進センターの業務の内容や、国土交通大臣がマンション管理適正化推進センターの指定を行うことなどについても規定されています。

◉ 被災マンション法

　平成7年に制定された被災区分所有建物の再建等に関する特別措置法（被災マンション法）は、マンションが地震などによって全壊した場合に、敷地所有者の多数決で新たなマンションの再建を決定できることを定めた法律です。本来であれば、マンションが全部倒壊してしまった場合には、敷地の所有者全員の同意がなければ新しいマン

ションを建てることはできないのが原則です。しかし、それでは迅速で円滑なマンションの再建が困難になるため、一定の場合に再建をしやすくしたのが、被災マンション法です。

具体的には、再建について協議する集会において、敷地共有者等の議決権の5分の4以上の賛成があればマンションの再建ができると規定されています。つまり、マンションの建設に反対する住人が全体の5分の1未満であれば、マンションの再建が可能ということです。

なお、再建を決議する際には、新たに再建する建物の設計の概要、建物の再建のために必要な費用の概算額、建物の再建に必要な費用の分担に関する事項、再建する建物の区分所有権の帰属に関する事項を定める必要があります。

◉ 民法

区分所有法やマンション建替え円滑化法など、マンションをめぐってはさまざまな法律がありますが、それらの法律に規定されていない事柄については、民法が適用されます。民法は、契約を締結する場合に基本となる事柄について規定しています。そのため、マンションに関する契約を締結する際には民法の規定を参照することも必要です。

専有部分を複数の者が共有している場合の法律関係や隣地との境

■ マンションをめぐる法律

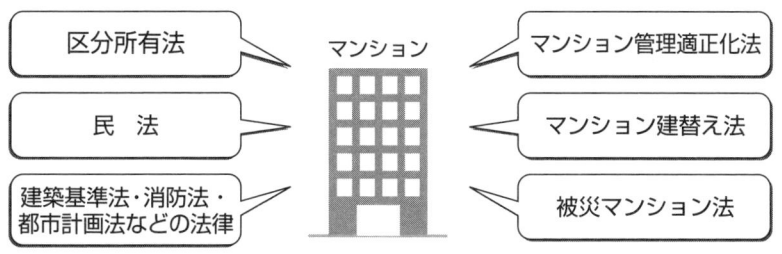

界争い、居住者の不法行為（故意または過失によって他人に損害を与えた場合に、その損害を賠償させる制度）などは、民法の定めに従って解決されます。他にも、マンションの分譲は売買契約ですので、民法の売買に関する規定が適用されます。また、マンションの修繕などを業者に依頼する場合には請負契約を締結することになるので、民法の請負に関する規定が適用されます。

● その他、建築基準法・消防法・都市計画法などの法律

　建築基準法とは、街の景観や建物の安全のために、建物について一定の規制をしている法律です。建替えによるマンション建築でも、一般の建物と同じように建築基準法の規制があります。おもな規制として容積率や建ぺい率、高さの規制などがあります。

　平成26年の法改正では、国民の安全・安心の確保と経済活性化を支える環境整備の推進を目的に、建築関連手続きの合理化、事故・災害対策の徹底など、多様な要請に対応するための措置が定められました。定期調査・検査報告制度の強化や建築物の事故等に対する調査体制の強化が法定され、たとえば、建築物においてエレベーター事故や災害等が発生した場合の、国自身の調査権限に関して規定されています。

　消防法とは、火災の予防・警戒・鎮圧に関する規定を置いて、国民の生命、身体、財産を火災から保護するとともに、火災や地震などの災害が原因になる被害を軽減することを目的に定められた法律です。消防法では、マンションについては共同住宅として規定を置いており、原則として、消防用設備等の設置が義務化された防火対象物として指定しています。また、都市計画法とは、都市計画の内容や計画の決定手続、都市計画制限、都市計画事業やその他の都市計画に関する規定を置いて、都市の健全な発展・整備を目的に定められた法律です。アパート・賃貸マンションなどに関して、住宅地での建設を制限する地域が設けられています。

第2章

落とし穴にはまるな！
広告の読み方や交渉時
のチェックポイント

1 不動産業者について知っておこう

宅建業者への媒介契約や報酬については法律で決められている

● 不動産業者の仕事とは

　街を歩けば、「○○不動産」「○○住建」といった、不動産会社の看板を到る所で見かけるのですが、実は不動産業というのは誰もが営むことができるものではありません。一般の消費者が安心して仲介業者に依頼できるようにするため、宅地建物取引業法（宅建業法）という法律が、免許を受けた者（宅地建物取引業者）でなければ不動産取引の媒介はできないと定めています。

　通常、不動産の売買を行う際には、不動産業者を通して行われます。業者が不動産の媒介に携わるには、宅地建物取引免許が必要となります。また、業者は、事務所に最低１人の宅地建物取引士を置かなければなりません。

　土地や建物などの不動産の売買に携わる業者のうち、宅地建物取引業者が扱う仕事は、不動産売買の媒介、不動産販売の代理などです。不動産会社が自ら売主となって不動産の売買をすることもあります。不動産売買の媒介の場合には、不動産の売主と買主の間に入って、取引を手助けします。不動産販売の代理とは、マンションなどを建設した建設会社やオーナーの代わりに部屋の販売を行うような業務です。

● 宅建業者に支払う報酬は事前に明確にしておく

　宅地建物取引業者（宅建業者）の媒介によって依頼者の希望する条件どおりの不動産取引が完了すれば、それで宅建業者は媒介契約の義務を履行したことになります。その場合、宅建業者には依頼者に対する報酬請求権が生じます。もちろん宅建業者としての免許がない者

には仲介業務を行っても報酬請求権は発生しません。また、媒介契約を締結していないのであれば、たとえ宅建業者が勝手に情報を提供してきても、報酬請求権は生じません。

宅建業者の報酬について、まず、媒介の場合は、上限が国土交通省の告示で定められています。業者に対して支払う報酬は一定で、仮に仲介業者が複数いても増加するわけではありません。

次に代理の場合は、通常、買主が手数料を払うことはありませんが、例外もあるので注意が必要です。

● 媒介手数料について

不動産取引の際に、媒介した不動産業者に支払う手数料は、その取引額によって異なりますが、その上限は次のように定められています。

不動産売買の際の売買代金が200万円以下の部分は、代金の5.25%となります。200万円を超えた額で、かつ400万円以下の部分は、売買代金の4.2%です。

また、400万円を超える部分は、代金の3.15%が上限額になります。これらの上限以下の金額の手数料を売主、買主がそれぞれ支払います。

■ 不動産業者は人と人とをつないでいる

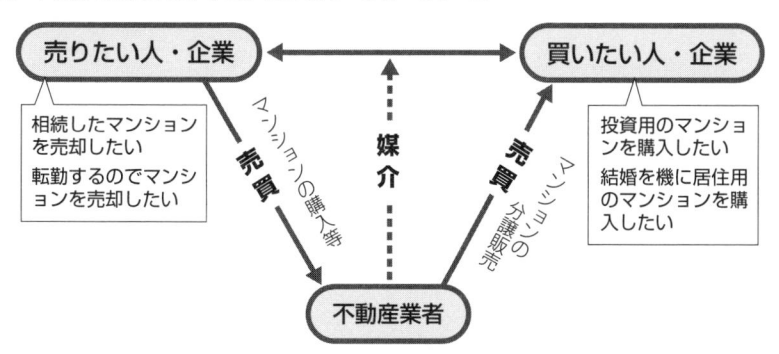

```
┌──────────────┐                    ┌──────────────┐
│ 売りたい人・企業 │ ←──────────────→ │ 買いたい人・企業 │
└──────────────┘                    └──────────────┘
  ┌──────────┐        ↑               ┌──────────┐
  │相続したマンション│    媒介             │投資用のマンション│
  │を売却したい    │     │              │ンを購入したい  │
  │転勤するのでマン│     │              │結婚を機に居住用│
  │ションを売却したい│    │              │のマンションを購│
  └──────────┘        │              │入したい      │
        ↘   売買     ↓    売買   ↙    └──────────┘
                ┌────────────┐
                │  不動産業者   │
                └────────────┘
```

● 3種類の媒介契約がある

媒介契約には、「一般媒介契約」「専任媒介契約」「専属専任媒介契約」の3種類があります。

① 一般媒介契約

同時に複数の宅建業者に媒介を依頼することができる契約です。一般媒介契約では、依頼者が自分自身で不動産取引の相手を見つけて契約を締結したり、他の宅建業者が媒介した相手と契約を締結した場合は、その旨を業者に通知しなければなりません。

依頼者が通知し忘れた場合には、依頼した業者に対して媒介のために要した費用を賠償しなければなりません。

② 専任媒介契約

他の宅建業者に重ねて媒介を依頼することができない契約です。依頼者が自分自身で不動産取引の相手を見つけて契約を締結することはできます。

同一物件につき依頼者が他の宅建業者の媒介した相手と契約を締結した場合には、専任媒介契約を締結した宅建業者に対して報酬額と同じ金額の違約金を支払う義務があります。

専任媒介契約を締結した宅建業者は、契約を結んだ日から7日以内に不動産物件を指定流通機構（レインズと呼ばれる不動産物件諸情報交換のためのコンピュータシステムを運用している組織）に登録して、売買契約成立へ向けて尽力しなければなりません。

③ 専属専任媒介契約

依頼者が、依頼をした宅建業者が媒介した相手以外の者と売買契約を締結することができない専任媒介契約です。専属専任媒介契約を結んだ場合、同一物件につき依頼者が、他の宅建業者が媒介した相手と契約を締結した場合はもちろん、依頼者自身で不動産取引の相手を見つけ出して契約を締結した場合も、契約を締結した宅建業者に対して規定の報酬額と同じ金額の違約金を支払う義務があります。

専属専任媒介契約の場合は専任媒介契約よりも宅建業者の負う履行義務は強く、宅建業者は契約後5日以内に不動産物件を指定流通機構に登録しなければなりません。

● 売主、買主双方から手数料をとる場合もある

マンション売却の際に、宅建業者に対して、媒介手数料を支払う必要があることがあります。たとえば、ある建物（片手仲介）の売却を、ある不動産会社等に依頼したとしましょう。その後、この宅建業者が、マンションの売却先を見つけて、買主が現れたとします。宅建業者の仲介業務は、マンションの買い取りを希望する人のニーズにも合致します。この場合、当然のことながら、買主を発見してくれた宅建業者に対して、売主が手数料を支払う必要があります。その一方で、買主にとっても、宅建業者の仲介業務は、買主の利益になる行為であるため、買主が宅建業者に対して、手数料を支払うということも考えられます。したがって、宅建業者が仲介して、マンションの買主を探し出し、最終的に売買契約が成立した場合には、宅建業者等は、売主・買主双方に対して、手数料の支払いを請求することができます。

■ 媒介契約の種類

種　類	内　容
一般媒介契約	・同時に複数の宅建業者に媒介を依頼できる
専任媒介契約	・他の宅建業者に重ねて媒介を依頼できない ・依頼者は、自ら発見した相手方と契約することができる
専属専任媒介契約	・他の宅建業者に重ねて媒介を依頼できない ・依頼者自身は、自ら相手と契約することができない

2 マンション広告の読み方に注意する

誘い文句に乗せられずに、冷静に購入を検討しているマンションの良し悪しを見極める

● 広告表示には法律の規制がある

　広告は、不当表示防止法や宅建業法などの法律の規制を受ける他、不動産公正取引協議会が定めた不動産の表示に関する公正競争規約に従って作られています。広告を見る際には、これらの法律や規約が規制している内容に注意して読む必要があります。

　たとえば、合理的な理由を示す資料もなく「日本一」「業界一」といった表現が使われていないか、などを確認する必要があります。この他、所要時間、築年数、住宅ローン、取引態様などが書かれているので、入念に読むようにしましょう。

● どんなところをチェックすればよいのか

　チェックすべき点として、まず、物件概要を見る必要があります。広告一般に、そのような傾向を読み取ることができますが、マンションの広告には、売主が購入希望者に対して、とくに強く訴えたいアピールポイントほど大きく記載するのが通常です。しかし、物件概要には、客観的な物件の特徴を広く伝えるという役割がありますので、売主が買主に知らせることをためらうような情報も記載しなければなりません。もっとも、売主は、本来自分が売却しようとする物件のマイナスポイントに関しては、大々的に知らせることは嫌がりますので、広告においても、マンションのマイナスポイントについては、他の部分の記載と比べて、非常に小さな文字により記載されている場合が多いといえます。あえて記述を複雑化して、わかりにくい表現でマイナスポイントを記載している場合があるかもしれません。マンション購

入希望者は、とくに慎重に物件概要を確かめてから購入するべきです。
　また、物件概要に記載されている、完成時期と入居可能時期に関する記載から得られる情報は有益です。つまり、本来、マンションは工事が完成した時期と、実際に購入者が入室可能になるまでの間は、一定程度、期間があるのが通常です。建設工事終了後も、手直しなどのさまざまな調整を経て、はじめて入居可能時期に至ります。したがって本来は、工事完成時期と入居可能時期との間には、一定程度の期間の間隔が設けられているのが通常です。この期間が短く設定されているということは、かなりムリなスケジュール管理の下で、マンションの建設行為が行われたことを示しています。購入希望者は、工事完成時期と入居可能予定時期との間隔を覚えておき、適切な管理のもとで建設工事が行われたことを確認することが必要です。

● その他に広告を見る上で気をつけるべき点

　マンションの広告を見る上で、気をつけるべきポイントは他にもさまざまなものがあります。まず、住宅ローンに関する記載に関しては、毎月、家賃よりも安い返済額でローンが組めるような宣伝文句が

■ 広告を見るときの注意点

```
日本一の○○○！！
業界一の○○○！！

☆駅までの所要時間
　わずか○○分
☆築年数
　　○○年
```

【広告を見るときのポイント】
① 住宅ローンの金額
② 駅までの距離・所要時間
③ 宅地建物取扱業者票が掲載してあるか

誇大広告に注意が必要

多いのですが、惑わされてはいけません。このようなローンは、ほとんどが変動金利で借りることを前提に記載しているからです。

また、駅までの距離の表示にも注意が必要です。「歩いて何分」という場合、チラシでは、80mを1分で歩く場合の所要時間を表示します。歩く速度は人によって異なります。そのため、実際はチラシで記載されている分数よりも時間がかかることもあり得ます。マンションの早期売却をめざす売主は、マンションの立地が公共の交通機関を利用しやすい場所にあることを強調するために、所要時間を短く記載する傾向にあります。

● 業者はどのように見分ければよいのか

不動産業者の事務所には、宅地建物取扱業者票の掲示が義務付けられています。また、物件広告にも宅地建物取扱業者票が掲載されています。その業者がどのような業者であるかは、この宅地建物取扱業者票を確認することで、把握することができます。

また、不動産公正取引協議会に加入している業者は、実際の不動産より優良なものであると誤認させてしまうような広告を出すことを厳しく制限されています。このため、この団体に加入しているかどうかが、よい業者であるかどうかのひとつの判断基準となるでしょう。

● チラシの誘い文句にだまされない

マンション販売のチラシの文言には注意が必要です。マンションを売る側にとっては、チラシの文言等によって、買主に対して、売り出しているマンションがいかに魅力的であるのかを訴えようとするあまり、あまりにも現実の姿からかけ離れた、全くの誇大広告になってしまっている場合があります。

また、反対に、伝えるべき情報が記載されていない場合や、記載されている情報に誤りがある場合もあるので、簡単にチラシの誘い文

句を信用してはいけません。たとえば、客観的な数字を示すことなく、曖昧な表現で広さをイメージさせるようなチラシを頼ってマンションを購入してしまっては、後になって、トラブルが発生する場合もあります。

チラシの文句にとらわれずに、客観的なデータを収集することに努めて、自分が購入を検討しているマンションの客観的・具体的なイメージをつかむことが大切です。

● 「買いたい」と思うと冷静な判断ができなくなる

マンション購入にあたっては、購入者の心理もまた、マンションの良し悪しを判別する上で、非常に大きなウエイトを占めています。購入者側からすれば、マンションが欲しいと考えるに至り、自分にふさわしい物件を探し始め、複数ある物件の中から、具体的に特定のマンションを購入の対象に選定することになります。購入者にとっては、決して安くはない買い物であり、慎重さが要求されることは言うまでもありませんが、他方で、マンションの購入を検討している人の心理の中には、マンションに対する一種の憧れのような、強い期待が込められているのが普通です。この場合、購入者の「マンションを買いたい」という思いがあまりにも強すぎるために、冷静な判断能力を欠いてしまうという事態が考えられます。冷静な判断ができなくなってしまうと、マンションの良い部分のみをクローズアップして、そのマンションに隠されている思わぬ欠陥や、実際に住む段階になって、日常生活に支障をきたす立地条件であることなどを見落としてしまうことになりかねません。マンションを購入したいという気持ちが強いのであれば、より一層の冷静な判断能力が、購入者には求められるところです。

● 中古マンションの相場と比較してみる

　中古マンションの場合、新築に比べて安い価格で住居を買うことができるため、中古住宅への需要は大きくなっています。しかし、売主に未払い金があるために、後になって、未払い代金分について、買主が負担しなければならないという問題が生じることにもなりますので、注意が必要です。

● 借地権という表示がある場合

　マンションは一般には高値の金額が設定されています。しかし、一般的なマンションの価格に比べて、安値が設定されている場合があります。このとき、チラシなどを確認してみると、そのマンションには借地権が設定されているという場合があります。

　借地権は、民法上では用益物権と呼ばれており、所有権とは異なり、マンションを購入した場合であっても、その土地自体を購入者が取得するのではありません。借地権が設定されているマンションの購入者は、あくまでも、マンションを購入することにより、マンションを所有するために、マンションが建っている土地を利用する権利を得るに過ぎません。したがって、土地の所有権は地主が持っており、マンション購入者が、マンションを解体するなど、その土地の使用方法に変化が生じる場合には、原則として、地主の許可を受けなければなりません。

　借地権が設定されているマンションを購入するメリットには、マンション価格が安価であることの他にも、土地の所有者が地主であることから、土地の固定資産税等の負担をマンション購入者が負担するということはありません。もっとも、マンション購入者は、地主によって、土地の利用を許可されているという立場にありますので、地代を地主に対して収める必要があります。しかし、地代の額は、一般的に、それほど高額ではありません。

また、同じ借地権付きのマンションでも、普通借地権が設定されたマンションと、**定期借地権**が設定されたマンションとに分類することができます。普通借地権が設定されたマンションとは、賃貸マンションに類似していますが、更新が可能で、更新料を支払うことによって引き続きマンションを所有するために、その土地を利用し続けることが可能な借地権をいいます。

　これに対して、定期借地権が設定されたマンションとは、基本的に更新することができず、契約期間が終了すると、マンションの購入者は、その土地を更地にして、地主に対して返還しなければならないという借地権が設定されたマンションをいいます。一般的には、契約期間として、50年間程度が設定されている場合が多いようです。契約期間終了後は、土地を地主に返還しなければならないという点で、普通借地権よりも土地の利用者であるマンションの購入者の地位は低いです。しかし、定期借地権を設定したマンションの購入者は、一般的にマンションを購入する場合はもちろんのこと、普通借地権よりも安値で、マンションを購入することができるという特徴があります。

■ **普通借地権と定期借地権**

	普通借地権	定期借地権		
		一般	事業用	建物譲渡特約付
借地権の存続期間	30年以上	50年以上	10年以上30年未満	30年以上50年未満	30年以上
契約の終了	存続期間満了＋正当事由	存続期間満了	存続期間満了	存続期間満了	借地権上の建物を譲渡したとき
契約の方式	法律上は口頭でも可	公正証書などの書面で契約	契約書を必ず公正証書にする		法律上は口頭でも可

第2章　落とし穴にはまるな！　広告の読み方や交渉時のチェックポイント

3 モデルルームにだまされてはいけない

自分が購入する住戸とモデルルームの住戸が同一のタイプであるのか確認する

● 購入する希望住戸のタイプではないこともある

　マンションの購入を検討する買主としては、自分が購入する住戸が、具体的にどのような作りで、どのような雰囲気であるのかを、あらかじめ知って購入することは、とても重要なことだといえます。なぜなら、マンションは数千万円の買い物になるわけですので、一般的には、気に入らないからといって、すぐに買い替えることなどできない、非常に大きな買い物になるからです。そのため、建物の図面等のみを鵜呑みにして、即座に購入するに至ることなど、あまりにも危険で無謀な行為であると言わざるを得ません。

　そこで、一般的には、マンションの購入を検討している人々のために、モデルルームが公開されています。**モデルルーム**とは、実際にマンションを売り出す前に、売り出す予定の物件のことをより多くの人に具体的な生活イメージをしてもらえるよう、住宅地内や展示場の中に作られる「見本部屋」のことです。モデルルームには、購入するマンションの部屋が具体化されており、図面等の平面では明確に把握することができない実際の室内の様子を知ることができます。そのため、モデルルームを見学することは、部屋の広さや使い勝手のよさを、身をもって知ることができる、貴重な機会だといえるでしょう。

　このように、マンション購入を検討する人々にとって、モデルルームの存在が重要であることは間違えのない事実です。しかし、モデルルームにも、思わぬ落とし穴があることに注意が必要です。それは、実際に自分がそのマンションの住戸を購入するということになった場合に、モデルルームで見学した住戸のモデルとは、異なる住戸を

購入する場合があるということです。したがって、図面などではうかがい知ることができない、住戸の様子をイメージする助けとしてモデルルームがあるにもかかわらず、実際に自分が購入する住戸のモデルとは異なるモデルルームを見学したために、そのイメージが先入観になって、かえって、実際に購入したモデルの住戸との違いに、後になって戸惑うという事態が生じるおそれがあります。

　その理由は、モデルルームを公開する建設会社側の事情が影響しています。建設会社がマンションのモデルルームを公開する場合には、そのマンションと他の物件との違いを明らかにするために、最上階や端側（妻側）の住戸のタイプを公開して、いわば自社物件のアピールを目的にしている場合が多いといえます。しかし、買主が実際に購入する住戸のタイプが、そのマンションのうち汎用のタイプである場合には、モデルルームのタイプとは大きく異なる可能性が出てきます。したがって、モデルルームを見学する場合には、自分が購入を検討している住戸のタイプとの差を常に認識しておく必要があります。

● モデルルームよりも先に建設地を確認するべき

　モデルルームが与える先入観は、思っている以上に大きいものです。マンションは、住戸自体が重要であることは言うまでもありませんが、それ以外にも、そのマンションが建っている立地もまた重要な要素です。近隣の環境は良好であるのか、公共交通機関等との距離はどの程度あるのかなども、マンションを選択する上で、本来は大きなウエイトを占めているはずです。しかし、モデルルームは、周辺の環境と切り離した住戸について、しかも、住戸のメリットに焦点を与えて、購入希望者の購買意欲に訴えかける作りになっています。そのため、自分が実際に住むことを考えて、モデルルームに赴く前に、一度実際にそのマンションが建てられる建設地を確認して、周辺の環境等について把握しておく必要があります。

また、建設地を確認に行く場合のポイントとして、一回だけで終わらせるのではなく、曜日や時間帯を変えて、複数回確認に行ってみることが大切です。平日と週末とで、人混みの差をチェックし、平穏な住環境を確保できるのかを確かめてみる必要があります。また、昼間に見た限りでは、良好な環境に見えても、夜間に再度見に行くと、街灯等が少なく、物騒な印象を持つかもしれません。

● どんなところをチェックすべきなのか

　モデルルームには、そのマンションをよく見せるために、そのマンションの住戸の一般的な形態とは異なるモデルが公開されているおそれがあります。したがって、購入を検討している人は、必ずしもモデルルームの形にとらわれることなく、客観的な資料やデータを集める必要があります。とくに、公開されている住戸のタイプや価格帯を抑えておくことが不可欠になります。

　また、モデルルームを見学することは重要ですが、あわせて、自分が購入を検討している住戸モデルの**間取り図**を手に入れておくことも重要です。間取り図を入手しておけば、モデルルームとの差を意識しながら見学をすることができ、後になって購入者が困惑してしまう事態を避けることができるでしょう。たとえば、モデルルームにおいては、見映えもひとつの重要な要素になるため、実際の住戸には存在する仕切りの壁や柱が撤去された状態で公開されている場合もあります。そのため、実際の間取りは、より狭くなっているということが起こり得るわけです。間取図さえ持っていれば、モデルルームの演出に騙されることなく、住戸の雰囲気を体感するとともに、自分が実際に住むと想定した場合の、モデルルームには表れていない真実の姿を念頭に置いて、客観的に購入の検討を行うことが可能になります。さらに可能であれば、自分が購入しようとする住戸の上下左右の住戸の間取りを入手することも有益です。住戸が、マンション内のどこに位置付け

られるのかを知っておくことは、購入後の具体的な生活を想定して検討を行う助けになります。

　なお、モデルルームと、実際に購入しようとするマンションの間取りが同一であっても、モデルルームと同様の仕様にするためには、さまざまなオプションを追加しなければならない場合があることにも、注意が必要です。マンションの基本価格を念頭に置いて、モデルルームの見学に行き、モデルルームが快適であったために、購入を決定したとしても、モデルルームと同様の仕様にするのに、当初のマンションの基本価格に加えて、高額な費用が必要になる場合もあり得ます。そのため、モデルルームの部屋に、どの程度までオプションが加えられているのか、正確に把握しておく必要があります。さらに、モデルルームに設置されている家具等も、マンションの印象をよいものにするために、特別なデザイナーが仕立てた特注品等である場合もありますので、モデルルームの装飾を鵜呑みにして、マンションの購入を決定することは、非常に危険なことであると認識しておく必要があります。

■ **モデルルームを見学する上で注意するべき点**

モデルルームの内装以外に関する注意点	モデルルームとして公開されている住戸のタイプが、購入希望の住戸と同一のタイプか
	モデルルームではわからない、マンションの建設地の様子をあらかじめ確認しておく （周辺の環境、曜日・時間帯ごとの様子など）
モデルルームの内装等についての注意点	公開されている住戸の間取りが、モデルルーム用に改変されている場合がある （仕切り壁の有無など）
	オプション等の有無を確認する必要がある （マンションの基本価格とは別に費用が必要な場合もある）

4 ムダな共用施設がないかをチェックする

維持・管理費も考慮し、生活の利便性や安全性に適した物を設置する必要がある

◉ 共用施設にもいろいろある

　マンションの購入を考える顧客が魅力を感じ、選択基準のひとつとして考える要素には、「豪華な共用施設が設置されていること」が挙げられます。

　豪華な共用施設には、たとえば、駐車場やエレベーターなどがあります。これらは、現在では広くさまざまなマンションに設置されていますが、中にはプールやジム、温泉スパなどの「娯楽施設」、キッズルームや託児所などの「保育施設」、さらには、コンビニエンスストアやショッピングセンターなどの「商業施設」をはじめとした独特な共用施設が設けられ、それを売りにしているマンションも存在します。

　たしかに、他のマンションとは異なる特異な共用施設があることは、そのマンションを宣伝する上では有利な材料になります。チラシやホームページなどに掲載された、マンション居住者のイメージ写真なども、顧客の購入意欲を刺激するポイントのひとつです。

　しかし、実際にマンションを検討する場合は、これらの豪華なラインナップに踊らされすぎず、実用性を考えることが重要です。共用施設の中には、マンションの住民にとって生活上の利便性や安全性とはあまり関係がない物が含まれているケースがあるためです。

　生活に密着する実用的な共用施設の例としては、まずは集会室や応接ロビーなどが挙げられます。マンションは、多くの世帯が密集した状態で生活する居住施設であるため、一戸建ての場合のように「ちょっと玄関で立ち話を」という軽い気持ちで行った行為が、隣人の迷惑になることもありうるためです。集会室や応接ロビーは、こう

いった場合に非常に有効的です。

　また、今後ますます顕著になっていく高齢化社会の下では、高齢者の移動の利便性を考慮した「車寄せ」や、複数の「共用トイレ」の設置なども必要とされます。自身や家族が要介護者や高齢者である場合に加え、将来に高齢期を迎えた場合を想定して検討することが必要となります。

　このように、マンションの付加価値として設置される共用施設にはさまざまなものがあるため、住民にとって本当に必要な共用施設が何であるのかを検討し、適切な判断を下すことが重要です。

● 一見魅力的でも後々は負担となる場合がある

　プールやジムなどに代表される「マンションの付加価値として設置される共用施設」には、大きな問題点が存在することを覚えておく必要があります。当初は、他のマンションとは異なる共用施設の存在が、マンションの魅力となり、多くの住民が集まるかもしれません。

　しかし、共用施設の中には、過大な初期費用が必要になる場合や、初期費用自体は不要でも、維持・管理費用が継続的に必要となる場合があります。これらの維持・管理費用は、管理組合などを通じて、直接的には住民が負担しなければならない費用です。はじめは魅力的であると思われた共用施設であっても、その共用施設を活用する相当の機会がない場合は、維持・管理費用の存在が住民にとって大きな負担になることが考えられます。

　また、共用施設に関する固定資産税に関しても、管理費用として住民が負担しなければなりません。たとえば、キッズルームの場合は、当初の目的に反して子どもたちがあまり使用しないために、ほとんど使用されない状態となる可能性があります。また、後になって子どもにとって危険性があるために使用が中止されるというケースも考えられます。

このような場合には、住民は無用の長物に対して、小さくはない管理費用を負担する必要が生じます。対策としては、前述のようにその居住施設が本当に必要な施設かどうかを十分に検討する方法が挙げられます。

● 駐車場がかかえる問題点

共用施設として多くのマンションに設置されている駐車場は、かつては居住者に対して駐車場の数が不足するという問題が挙げられていました。しかし、現在では立場が逆転し、駐車場の空き問題が提起されています。

駐車場は、場所取りや駐車される車種の傾向を把握した上で設置する必要があります。たとえば、駐車場に駐車する車両台数を増やすために細かい区割りを行った場合、住民の多くが所有する自動車の車種や車体の幅・車高に比べて区割りが小さすぎるという事態が生じる可能性があり、極めて使い勝手の悪い駐車場になってしまいます。また、切り返しのスペースが十分に確保されていない駐車場においては、もはや駐車場として機能することすら困難になってしまう場合があるかもしれません。

さらに、駐車場を設置するだけでは不十分で、そこに駐車される自動車等が盗難等の被害に遭わないように防犯対策を講じなければなりません。具体的には、監視カメラの設置や格子状のシャッターの設置が必要になります。また、設置される駐車場が地下駐車場である場合には、豪雨等により浸水するおそれがあるため、このような災害に対する適切な備えを講じておかなければなりません。

● エレベーターをめぐる問題点

エレベーターは、共用施設の中でも、とくに生活に密着した必要な共用施設であるといえます。また、高層階に住む高齢者にとっては、

エレベーターは必要不可欠な施設であるため、超高齢化社会を迎える我が国において非常に重要視される共用施設のひとつです。現在ではエレベーターの価格や維持費はかつてほど高額ではなく、住民の管理費用の負担も過度に大きくならないという傾向があります。

まず設置する台数に関しては、一般的には住戸50戸ごとに1台のエレベーターを設置するというのが1つの基準になっています。もっとも、10階建て以上の高層マンションでは、下の階ほど大人数の人がエレベーターに乗っている状況が予想されるため、前述の基準に関わりなくより多くのエレベーターを設置する必要があります。

また、1つのフロアにおいても、たとえば、数戸に1台の割合でエレベーターが設置されていれば、フロアに共用の廊下を広く確保する必要がなくなるため、エレベーターという共用施設の設置方法で、住戸を広く確保することが可能になります。

さらに、エレベーターの設置位置に関しても、注意すべき点があります。各階のエレベーターからもっとも遠い住戸から、50m以内にエレベーターを設置する必要があるためです。

■ 共用施設 ……………………………………………………………

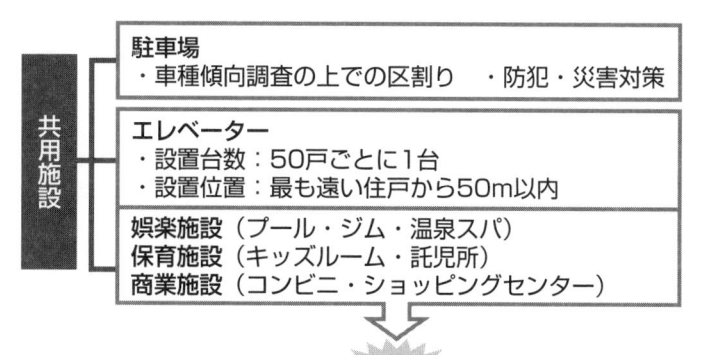

共用施設
- 駐車場
  ・車種傾向調査の上での区割り　・防犯・災害対策
- エレベーター
  ・設置台数：50戸ごとに1台
  ・設置位置：最も遠い住戸から50m以内
- 娯楽施設（プール・ジム・温泉スパ）
  保育施設（キッズルーム・託児所）
  商業施設（コンビニ・ショッピングセンター）
  → 管理費用・将来的な中止の危険性

第2章 落とし穴にはまるな！ 広告の読み方や交渉時のチェックポイント

5 新築マンションの値引き交渉について知っておこう

購入者の事情に合わせて値引きが認められる場合がある

● マンションの価格はあいまいなもの

　マンションを購入しようとする際に、チラシなどを見ても、マンションの価格が一定程度の幅をもって表示されているのみで、一体、具体的にどれほどの金額が必要になるのか不明確である場合が多いようです。なぜ、マンションの価格は明確に定められていないのでしょうか。それは、購入者が購入するマンションの住戸が、他に代替することができない唯一無二の存在であるためです。仮に、同じマンションであっても、間取りが異なれば、当然価格が異なることにもなります。また、同じ間取りの住戸であっても、立地等他の条件が異なれば、やはりマンションの価格はそれぞれ異なった価格が設定されることになります。

　具体的にマンションの売買契約が現実化してくると、ようやく販売担当者がそのマンションの購入価格を、購入者に対して示します。客観的な数字であらかじめ定めておくことが困難なマンションに関しては、売買契約の交渉が進展するまでは、マンションの購入価格は極めて不鮮明な状態にあります。

● どんな場合に値引きの可能性があるのか

　マンションの購入価格は、前述のように不明確ですが、購入者が販売担当者から、具体的な購入価格を示された場合に、値引き交渉ができるか否かを検討することも重要になります。なぜなら、一般にマンションの購入には、多額の金銭が移動することになりますので、仮に値引き交渉に成功した場合には、購入者は数百万円程度の出費を抑

えることができる可能性があるためです。もともと高額なマンションの購入に際して、値引きで変動する金額は少ないとはいえませんので、購入者にとって、値引き交渉にチャレンジする必要性は大きいということができます。

では、どんな場合に値引き交渉を行うことができるのでしょうか。売主が値引き交渉に応じる場合は、一般的に購入価格が高く設定され過ぎているために、現状の購入価格では、そのマンションが売れる見込みがない場合ということができます。これを見極めることは困難ですが、1つの基準として、竣工後1年以上経過しているマンションは、中古扱いになってしまうため、売主も早期に売却することを望んでいますので、このような物件を購入する場合には、値引き交渉がうまくいくことが多いといえます。一般的には、値引き交渉により、販売価格の1割から2割引きの価格で購入することが可能になります。

■ 値引き交渉の可能性と交渉時の注意点

売主が値引き交渉に応じる可能性がある場合

① マンションの購入価格が高く設定され過ぎている
　　⇒ 売れる見込みがないと売主が判断した場合

② 竣工後1年以上経過したマンション
　　⇒ 中古マンション扱いになるため、売主は早期に
　　　売却してしまいたい

値引き交渉の注意点	① 販売担当者には、値引きに関する具体的な権限がない
	② 値引き交渉においては、漠然と行うのではなく具体的な価格を提示して交渉を行うこと
	③ 家計や家族関係に関して特別な事情がある場合には、当該事情をあらかじめ伝えておく必要がある

第2章 落とし穴にはまるな！　広告の読み方や交渉時のチェックポイント

● 担当者には値引きの権限はない

　値引き交渉において、留意しておくべきポイントとして、販売担当者には値引きの交渉権限がないのが一般的であることが挙げられます。

　マンションの販売において、売主自身が販売を担当することはほとんどなく、通常は販売会社の社員等が担当します。そのため、値引き交渉においては、事前に値下げ幅が決められている場合は例外として、末端の社員が決定することはできず、上司等の判断を仰いで値下げの可否が決定されることになります。

　そこで、値引き交渉を有利に進めるためには、販売担当者と友好的な関係を築くことで、熱心に上司等に値引きの許可を求めてもらえるようにしましょう。一般的には「所長」という肩書のある者が、値引き交渉の責任者であるといわれています。交渉の中で、この責任者を探し出すことが重要です。

● 値引き交渉のポイント

　購入者側が実際の値引き交渉の場で、押さえておくべきポイントもあります。それは、具体的な価格を示して値引き交渉を行うことです。つまり、現在の販売価格では購入が困難であることを伝え、具体的にどの価格であれば確実にそのマンションを購入するのかを明確に伝えておく必要があります。また、値引き交渉は、機械的に判断されるのではなく、購入者の事情等を総合的に判断して、最終的には人の判断により認められるか否かが決定されます。そのため、家計や家族関係上の問題で、値引きが必要である具体的な事情がある場合には、販売担当者に伝えておくことが、値引き交渉にとって有効な方法であるといえます。さらに、値引き交渉を成功させるためには、購入希望者が、本気に購入を考えていることを示す必要があります。交渉がまとまれば即座に契約することをアピールするために、認印やローン審査のための源泉徴収票などを持参するとよいでしょう。

6 中古マンションについて知っておこう

低価格で一定の品質を備えた中古マンションが好まれている

● 中古のよさはどこにあるのか

　近年では、中古マンションに対する需要が大きくなっています。以前は、中古マンションは価格が新築に比べて安値である代わりに、品質が劣る、汚い住戸であると考えられていました。しかし、現在では中古マンションの品質が向上し、安い価格で住戸を入手できることが、購入者の購入意欲を促しています。

　また、新築マンションは工事が完成する前に販売されることもあるため、図面等から実際の住戸を想定して購入しなければならないという事情がありました。しかし、中古マンションは、すでにマンションとして完成しているため、購入者は外観や共用施設などを実際にチェックした上で、購入すべきか否か決定することができます。したがって、実際に購入手続きに進んだ場合も、頭の中で住宅の形などを見定めた上で、購入者の希望に適合しているか否かを判断することができます。さらに、消費税に関しても、個人が売主の中古マンションを購入する場合は課税されないため、この点においても新築と比べて有利であるといえます（詳細は135ページ）。

● どんなマンションを選ぶべきなのか

　マンションの購入を検討する場合に、買主は新築なのか中古なのか選択することができます。日本人は、もともと中古品をあまり使いたがらないのですが、中古住宅の品質が向上し、また、価格が新築よりも安いため、昨今では需要が伸びています。

　したがって、多くのマンション購入者は、品質が高く、価格が安

い中古マンションを求める傾向にあります。このような中古マンションを取得するためには、一般の流通市場のルートではなく、建設業の業者間同士の取引において流通している物件が好ましいといわれています。また、中古マンションを選択することが、買主に大きなメリットをもたらす場合もあります。中古マンションの売主の多くは個人であることが多いようです。自分が居住していたマンションについて、売主が売却を検討しているということは、売主が、マンションの売却資金を必要としている理由があるということです。

　その一例として、売主が、新しいマンション等への買い替えを検討している場合が挙げられます。この場合、売主はマンションの売却代金を資金に、新しいマンション等の売買契約を締結することを予定しているものと考えられます。そのため、売主側の事情として、遅くとも、新しいマンションの購入にあたり、代金支払いが必要になる時期までに、現在のマンションの売却を済ませておく必要があるのです。支払期日が迫ってくる中で、マンションの売却先が見つからない場合、売主は売値を下げざるを得ませんので、買主側としては、高品質のマンションを、思わぬ低価格で購入することができる機会に恵まれるかもしれません。

● 物件のどんなところをチェックすべきなのか

　中古マンションには思わぬ落とし穴があることに注意が必要です。まず、平成17年の耐震偽装事件から10年経過しましたが、中古マンションが建てられたのが相当程度昔である場合、現在の耐震性の基準に照らすと、安全基準を満たさなくなるおそれがあるということです。

　また、配水管の配管経路に関しても、現在ではまず採用されないような、古くからの様式で設置されている中古マンションもあるため、注意する必要があります。このことは電気やガスの容量に関しても当てはまることです。つまり、中古マンションがあまりにも以前に建て

られた建物であった場合には、現在と電化製品の数などで大きな差があるために、容量が小さすぎるという場合があります。購入する前に、後に容量を広げることが可能であるか否かを確認してから購入する必要があります。

　さらに、中古マンションを購入した後に、リフォームを予定している場合にも注意すべきポイントがあります。まず、リフォームが床の張替えや間取りの変更など、マンションの構造に関わるほどの大きな変更をもたらす場合には、共用部分にまでリフォームが及ぶ可能性があります。このような共用部分に対しては、くぎを打ち込むなどのリフォームを行うことは原則としてできないので、あらかじめ確認しておく必要があります。また、中古マンションに管理規約などが存在するか否かを確認することも重要です。たとえば、管理規約の中で、リフォームを行う場合にマンションの管理組合に届け出る必要がある、または、騒音などのトラブルを避ける目的で床の張替えなどを行う場合には、遮音措置が要求されている場合などがあります。管理規約に従ったリフォームを行わなければ、マンションの価値を低下させてしまうおそれがあるため、注意しておかなければなりません。

■ 中古マンションと購入後のリフォーム

中古マンション

需要増加 { 品質向上　価格の安さ

【後にリフォームを予定している場合の注意点】
① マンションの構造に及ぶ大きなリフォームを予定している場合
　⇒ 共用部分については、原則としてリフォームを行うことはできない
② 管理規約等を確認する必要がある
　⇒ リフォームを行う際に、管理組合等に対して届出の必要等があるのか確認しなければならない

● 上手な探し方はないのか

　中古マンションを探し出す方法としては、チラシや雑誌などの方法がありますが、中でもとくに有力な手段が、不動産ポータルサイトです。それは、紙の媒体とは異なり、更新されるごとに、新しい情報が提供されるためです。

　実際に中古マンションを選定する上で重要なのは、自分自身の肉眼で確認するとともに、感覚を鋭くしておくということです。まず、肉眼において、その中古マンションがどの程度古い物であるのか否かを把握する必要があります。汚れや傷みが目立ってはいないか、または、建物の構造に支障が出るような損壊がないかどうかを確認する必要があります。最終的には、感覚によりマンションの良し悪しを判断することになりますが、低価格で高品質な中古マンションが好まれていることから、管理がきちんと行われているかを確認することが何よりも重要です。

　また、中古マンションをリフォーム目的で購入する人も少なくありません。そこで、マンションを探す際にも、後になってリフォームが可能か否かということが重要なポイントです。リフォームを行うことによって、中古マンション自体の価値はさらに大きくなることが一般的ですので、リフォームを行うことができなければ、買主にとって購入する意味がないと考える場合もあります。

　なお、形式的な事項ですが、中古マンション購入にあたり、そのマンションの管理会社等に設計図書が保管されているのかどうかを確認することも重要です。**設計図書**とは、新築時にそのマンションの間取りや天井や床の構造等に関して記載している書類です。したがって、マンションにとって極めて重要な書類だといえます。設計図書を保管していない管理会社は、管理能力が不十分といえますので、そのような管理会社から中古マンションを買うのは控えるべきでしょう。

7 中古マンションの値引き交渉について知っておこう

売主が個人の場合には十分なコミュニケーションを図り値引き交渉を有利に進める

● 売主が個人なら交渉で決まる

　中古マンションの購入を検討する際に、売主が個人であり、媒介業者が介入するという形態の取引には、大きな特徴があります。それは、個人と個人の取引ですので、契約条件について、売主・買主間で十分な交渉を行った上で契約を進めて行けるという点が挙げられます。しかも交渉できる内容は多岐に渡り、手付の金額や中古マンション自体の購入価格はもちろん、契約締結後の具体的な引渡しの日時の指定という、詳細な事項に及んで交渉を行うことが可能です。

● 値引き交渉の注意点

　マンションの購入に関して、契約内容を交渉する上でとくに重要なのが、販売価格の値引き交渉だといえるでしょう。なぜなら、買主側にとって、値引きが行われるか否かによって、場合によっては何百万円という金額の差が出てくることになるためです。

　契約内容に関して交渉により進めることは、合意に達しさえすれば、基本的にはどのような内容の契約を結ぶことも自由であることを意味します。しかし、値引き交渉において、一方的に買主側の意見のみを押し付けてみても、売主がこれに同意することは期待できず、かえって契約の障害になるおそれさえあります。そのため、一定程度、交渉の上で必要なポイントを押さえた上で、値引き交渉に臨むことが必要になります。

　たとえば、値引き交渉といっても、唐突に半額にするよう迫るというのは、好ましい姿勢ではありません。一般に、値引きが認められ

るのは販売価格の1割から2割程度ですが、販売担当者とのやりとりの中で、求めることができる値引き限度額を探りながら、販売担当者に対して、値引きを求めていくことになります。

　また、値引きが認められるか否かというのは、売主側が売り急いでいるか否かによっても、異なります。売主側との交渉の中で、少しでもそのマンションを売り急いでいるような姿勢が見てとれた場合には、値引きが認められる可能性が高いといえるでしょう。

● 買付証明書を出してもらう

　個人の売主との間では、販売価格や引渡し時期などの、極めて詳細な事項に関して、契約交渉を行い、合意に至ることで契約を進めることができるという特徴があります。交渉の手続きの中で、機械的に契約内容が決まるわけではありません。売主・買主双方にとって、きめ細やかな契約内容を話し合いにより決定することができるため、より希望に沿った契約内容にすることが可能です。しかし、他方で、売主と買主のコミュニケーションが、適切に図られなければ、契約における双方の主張が相手方に的確に伝わらず、かえって望んだ契約内容とはかけ離れた内容の契約になってしまうおそれがあります。

　そのため、買付証明書に記入することが重要になります。買付証明書は、購入の意思表示を、売主に対して示すことが第一次的な役割である書類です（100ページ）。さらに、希望する購入価格や手付の金額、引渡し時期等に関する希望を記入することで、買主が契約に対して希望する条件を、明確に売主に示すという役割を果たします。充実した契約交渉の下で、中古マンションの売買契約に関する契約交渉を行っていくためには、買付証明書によって、契約に対する希望を明確に整理しておくことが重要です。

8 中古マンションを購入する場合のチェックポイント

新築マンションに比べて、マンションや周囲の環境に対して慎重に注意を払う必要がある

● 売主に管理費滞納などの未払い金がないか

　新築のマンションを購入するのとは異なり、中古マンションを購入する際には、とくに注意すべきポイントがあります。中古マンションは、そのマンションを所有していた人が売主になるのが一般的です。そのため、売主がマンションの管理費、あるいは駐車場などの共用施設の使用料に関して、**未払い金**がある場合が問題です。未払い金がある状態で買主が中古マンションを購入すると、その未払い金に関して、支払義務が買主に移転してしまうのです。したがって、買主は、マンションの購入代金を支払わなければならないことはもちろんのこと、売主の未払い金の支払義務まで負担しなければなりません。売主の未払い金のリスクは、新築のマンションの購入では気にする必要がありませんので、中古マンションならではの問題といえます。そこで、中古マンションの購入者は、購入時点までに、売主の未払い金の有無を慎重に確認しておく必要があります。

● 欠陥住宅を見分ける方法はないのか

　中古マンションの購入にあたっては、さらに、建物自体についても注意すべき点があります。それは、建物に欠陥がある場合です。一般に、新築マンションでは、建物に欠陥がある場合には、原則として売主が無償で修理を行う義務を負います。これに対して、中古マンションでは、基本的には原状のままで引き渡せば売主としての義務を果たしたことになりますので、買主の側で、欠陥の有無について慎重に見極めてから、購入しなければなりません。また、売主が欠陥に関して

保証を行う場合であっても、とくに売主が個人である場合には、契約交渉の中で、保証期間等に関して交渉を行っておくことが重要です。中古マンションの欠陥に関する問題を防ぐために、住宅診断（ホームインスペクション）という、マンションの欠陥の有無を調べる専門業者の診断を受けることができる制度を利用することができます。

● 住環境をどのようにチェックすればよいのか

　中古マンション自体ではなく、周囲の住環境にも注意を払う必要があります。最寄駅等の公共交通機関までの距離や、近隣の道路や施設との関係から騒音等のトラブルの原因はないかといった点について、購入する以前に買主側でチェックしておかなければなりません。これは必ずしも中古マンション独特の問題というわけではありませんが、とくに中古マンションでは、すでに特定の立地に建てられている建物を購入するという性質上、建物自体ではなく、その周囲の環境や近隣に住む人々の様子をあらかじめ把握しておくことで、後のトラブルを防ぐことができます。なお、中古マンション特有の問題として、マンションコミュニティに関する問題が挙げられます。マンションコミュニティとは、マンションに住む他の住民との間のご近所付き合いのことです。新築マンションの場合には、すべての住民がゼロから関係を作り上げていくことになりますので、全員が同じ条件からのスタートになります。しかし、中古マンションの買主は、すでに築き上げられたマンションコミュニティの中に、新たに参入していかなければなりません。実際に購入した後に、スムーズにマンションコミュニティに参加していくためには、あらかじめ、購入予定のマンションのマンションコミュニティの現状を認識しておく必要があります。

　マンションコミュニティの様子をうかがい知るためにチェックするべき場所としては、共有スペースが最適です。共有スペースが清潔に管理されているのであれば、そのマンションのコミュニティは、良

好といってよいでしょう。なぜなら、共有スペースの利用の態様は、住民のモラルがもっとも強く表れる場所といってよく、個人の所有物ではない共有スペースは、住民同士が協力を意識的に行わなければ、分担して、きれいに管理を行うことができない場所だからです。

　たとえば、次のような箇所に注意して、マンションコミュニティをチェックしてみてください。まず、ゴミ置き場について、分別がしっかり行われているのか、きれいな状態が保たれているのかなどについて、確認してみる必要があります。ゴミ置き場が荒廃していないか、また、収集されるゴミの種類が曜日ごとに分かれている場合には、ルールがきちんと守られているようであれば、良好なマンションコミュニティが築かれていると判断してよいものと思われます。

　その他にも、すべての住民が利用するであろう共用スペースの状況を確認してみましょう。まず、エレベーターや階段などに汚れがないかを必ずチェックしましょう。落書きやゴミが落ちているなどといったことがないことを確認して、住民のモラルの程度を確かめてみましょう。

● 念のため暴力団事務所などがないかもチェックする

　住環境に関連して、暴力団事務所等との関係も問題になります。現在、暴力団に対する規制は強化の一途をたどっており、マンション等において、契約を締結する段階で、購入者が暴力団関係者である場合には、条例等により、契約の締結を拒むことができます。しかし、すでに居住している暴力団関係者を入居しているマンション等から追い出すような強い効力が認められているわけではありません。そこで、事前の住環境のチェックの一環として、マンション内や周囲に暴力団事務所等の有無を確認しておく必要があります。確認を怠ってしまうと、規制が強化されていても、完全に暴力団関係者を締め出すことは不可能ですので、不安な生活を余儀なくされてしまうおそれがあります。

Column

アフターサービスもあなどれない

　マンションは簡単に購入できるものではなく、自身の今後の生活に深く関わる大切な存在です。実際にマンションの購入を考える場合、価格や立地など、さまざまな条件を入念に検討した上で行うことになりますが、忘れてはならないのが「アフターサービス」です。マンションは、購入して終了、という使いきりの商品ではなく、継続使用をするものです。購入時には新築でピカピカの状態でも、時が経つにつれ積年劣化が生じ、時には何らかの不具合が発生する場合があります。このような状況に陥った場合、いかに迅速に適切な対応を受けることができるか、というアフターサービスが重要になります。

　良いアフターサービスを受けることができるかについては、まずはサービス期間の長さから判断します。購入するマンションに居住し続けるであろう期間をカバーできない場合は、いざという時にはアフターサービス期間がすでに終了しており、自身で費用を負担して手配をした上で、修繕にあたることになります。したがって、サービス期間については、必ず購入前に確認する必要があります。

　また、アフターサービスの窓口の所在も重要です。たとえば、売主であるデベロッパーの会社内にアフターサービスに関する部署が設けられている場合は、問題発生時には実際に工事を手がけた部署との連携が可能になるため、対応が迅速になります。一方、管理会社や建設に携わった会社が窓口となる場合は、デベロッパーと買主の間を何人かの人間が介することになり、作業までに時間がかかる場合や、大規模な作業時にはコストがかかる場合があるため、注意が必要です。

　さらに、担当となる窓口の人数や工事に詳しいスタッフが含まれているかについても、アフターサービスにおいて重要なポイントになるため、今後の生活のためにも確認しておくことが重要です。

第3章

マンション建築をめぐる法律と構造上の問題点

1 新築マンションはどのように作られるのか

デベロッパーが企画し、設計・工事を発注して作られるマンションが多い

● デベロッパーとは

　新築のマンションを販売するために、設計しようとする場合には、他の商品とは異なる点があります。それは、仮に全く同一の構造のマンションであっても、立地が異なれば、売行きが全く異なるということです。また、広さや間取りなどが同一の規格であっても、設計方法は幾通りも存在します。顧客の好みや用途に相応しいマンションを作らなければ、どんなに構造が優れているマンションであっても、顧客が買いたいと思うようなマンションにはなり得ません。そのため、マンションを売るためには、それだけ商品の企画力が重要になってきます。そこで現在では、マンションの企画力に長けている、売主である不動産会社（一般に**デベロッパー**と呼ばれています）の役割が重要になっています。

　デベロッパーの中には、基本的な間取りを建設事務所に丸投げして、建設工事もゼネコンに全面的に依存して、ときとして、販売さえも代理店にまかせてしまうような業者も存在します。これに対して、買主にとって信頼できるデベロッパーとは、自分自身も主体的にマンションの企画段階から携わり、また、マンションを引き渡した後に、買主がかかえるトラブルに対しても、解決策やアフターサービスが充実しているデベロッパーです。

　また、デベロッパーに関して、注意すべき点は、デベロッパーの経営が安定していることも重要な要素になります。デベロッパーの多くは、買主にマンションの住戸を引き渡した後も、アフターサービスなどを行います。このサービス等の品質に応じて、買主はデベロッ

パーを選択することになりますが、そもそも、買主がマンション購入後に、デベロッパーが倒産してしまったような場合にはどのようになるのでしょうか。たとえば、購入したマンションに不都合や欠陥が見つかり、買主が建て替えや修繕を希望している場合、通常であれば売主であるデベロッパーが費用を負担することになります。しかし、不具合が発覚した時点でデベロッパーが倒産している場合は、デベロッパーに対して立替えの費用を負担することが期待できないため、建替えに関する費用は買主の負担となります。我が国では少子高齢化が進んでおり、人口の減少に比例してマンション居住者も減少傾向になることが予想されます。そのため、資金繰りの苦しくなったデベロッパーが倒産するケースは今後も想定されます。つまり、健全な経営状態であるデベロッパーを選択する意義は、非常に大きいといえます。

● デベロッパーがマンションを企画する

　立地条件や顧客が好むマンションの傾向を把握しているデベロッ

■ 新築マンション建設の流れ

```
デベロッパーによるマンションの企画
          ↓
　設計事務所に設計の依頼
          ↓
　設計図面に基づく建築確認申請
          ↓
　建設会社に建築工事の発注
          ↓
　建築工事　　　　　必要な手直し等
```

第3章　マンション建築をめぐる法律と構造上の問題点　67

パーが、マンションの企画を担当することは、マンション販売にとって最も効率のよい方法であるということができます。この場合、デベロッパーは、企画したマンションの設計を設計事務所に依頼し、建設会社に建築工事を発注します。デベロッパーは、マンション用地を購入した場合に、できるだけ早く売却することを望んでいます。そのために設計事務所に依頼した図面等に基づき建築確認を受けて、実際にマンション販売が可能な状態を、極めて迅速に作り出すという特徴があります。この点も、近年デベロッパーが企画するマンションが増加しているひとつの理由ともいえます。

　もっとも、デベロッパーがマンションの企画に携わることによって、年々、あまりにも効率性を重視したマンションの企画が増加しているともいわれています。つまり、法律で定められている容積率のぎりぎりまでを使用して、マンションの戸数を増やし、販売戸数を増やそうとする意図が鮮明過ぎるということです。そのため、ややムリな工事を行ったことが原因になって、マンションの完成・販売後に、建て付けの悪い変形した部屋が生じるなど、修理が必要になる場合や、ひどい場合には住むことが困難になるなどの問題が生じています。

　このように、デベロッパーが、あまりにも利益を追求するマンションの企画を行ったために、後になって建物の不備が見つかるなどの問題に巻き込まれないようにするためには、適切なデベロッパーであるかどうかを、慎重に見極める必要があります。1つの基準としては、デベロッパーが、明確な設計基準を設けて、「設計基準書」を持っているかどうかを確かめることが挙げられます。しっかりと設計基準書を持っているデベロッパーであれば、ある程度信頼を置くことができます。

　マンションデベロッパーは、マンションの企画立案において、3つの要素に着目します。つまり、立地（Place）、価格（Price）、間取り（Plan）3P（Place＝立地、Price＝価格、Plan＝商品企画）とい

う、企画三要素に基づいて計画が進められるのが一般的です。この企画立案により、購入者のライフスタイルを提案することが商品企画の業務だといえます。

◉ 建設会社の仕事とは

建設会社とは、前述のようにデベロッパーの発注を受けて、実際にマンションの建築工事を担当する請負会社のことをいいます。マンションなどの総合請負会社として、一般的には「ゼネコン」（ゼネラルコントラクターの略称）と呼ばれることが多いようです。日本では、高度経済成長期に建設需要が飛躍的に伸びたことにより、数多くのゼネコンが、急成長を遂げました。しかし、土木建築自体が、バブル崩壊後の建設需要の低迷などが原因で衰退し、1990年代後半から2000年代初頭には、大手の建設会社が経営破たんに追い込まれました。

もっとも、現在でも、橋、道路、鉄道、トンネル、オフィスビル、学校、病院、ホテル、商業施設など、人々が生活していく上で必要な社会基盤は建設会社によって生み出されています。

なお、建設会社は、自社のみでマンションの建築を行うのではなく、多くの他の会社に下請けを行ってマンションの建築にあたること

■ ゼネコンの役割

ゼネコンの役割	マンションの建設に関する役割
	①マンションの建築工事を請け負う ⇒ デベロッパーの発注を受けて建築工事を担当する
	マンションの納期内に工事を終了させるための役割
	②専門的な工事を行うことができる下請会社の選定・確保
	③工事のスケジュールの企画・調整

第3章 マンション建築をめぐる法律と構造上の問題点

が普通です。そのため、建設会社のおもな仕事には、建築工事の他にも、必要な専門工事を行うことができる下請会社を選定・確保すること、工事のスケジュールの企画・調整を行い、決められた納期内に工事を終了させることが挙げられます。

したがって、建設会社の役割は、下請け会社等の工事の水準を一定以上に保つとともに、全体的に完成する建物の品質を確保することだといえます。もっとも、同じゼネコンであっても、その工事を直接担当する所長等が異なれば、指示や調整能力に差があるために、実際にできた物件に違いが出てしまう場合があります。

● スケジュールにムリのあるマンションは要注意

マンションが出来上がるまでには、ある程度の期間が必要です。国土交通省の指針によると、マンション建設の一般的なスケジュールは、工事期間＋2か月の期間であるとされています。工事期間以外の2か月の期間は、建設会社はもちろん、工事を発注したデベロッパーが、完成した建物に不備等がないかどうかをチェックし、必要があれば手直しを行うための期間として設定されています。また、マンションを購入した買主が、工事終了後のマンションを実際に見て、不都合等のチェックや修正を希望する部分の手直しに関しても、この期間内に行うことが想定されています。

しかし、工事完了からマンション販売までの期間の短縮化を希望するデベロッパーとしては、スケジュールを切り詰めた形で、建設会社に工事を発注することも少なくありません。それは、工事の発注を行うデベロッパーと、工事の下請けを担う建設会社という力関係が存在するために、建設会社にとっては無理難題ともいえる形であっても、工事を受注せざるを得ないという事情が影響しています。工事期間以外の手直し等のための期間が十分に確保されていない、ムリなスケジュールの下で、マンション建設が行われてしまうのです。そして、

納期に間に合わせるために、ずさんな工事が行われ、壁や必要なパーツがないにもかかわらず、買主に引き渡されてしまうなど、後になって、買主が損害を被ってしまうという事態が起こりかねません。スケジュールにムリがあるマンションには、とくに注意が必要です。

なお、マンションの売主であるデベロッパー側の事情によって、買主が住戸に入居する時期を遅らせることができない事情もあります。それは、とくに新築マンションは、竣工する前から、マンションの売買契約を締結することが可能であることが原因になっています。そして、契約書等の記載においては、引渡日が明記されている場合が多いようです。

したがって、後になって、契約で定めた入居時期よりも遅れる場合などに、履行遅滞として、売主（デベロッパー）が債務不履行責任を負担する場合も考えられます。そこで、デベロッパーとしては中古マンションを売却し、買主に対して、早々に明渡しをすることを望んでいるのです。こうして、デベロッパーは、建設会社に対して、売買契約の明渡日を守るために、建設工事を急がせるなどの働きかけを行う場合があります。こうして、突貫工事により完成するマンションが存在するようになったわけです。完成を急ぐあまり、完成後のマンションの住戸に思わぬ不具合が生じる場合があります。それは、突貫工事によるスケジュールを組んでしまったために、建物完成後の検査や手直しなどが十分ではなく、建物に不具合が見つかるケースも存在するためです。

完成したマンションに不具合が生じてしまうかもしれない場合であっても、ゼネコンはとにかく、期日に合わせて竣工させることをめざしています。ゼネコン側としては、期日に遅れるゼネコンであるといううわさが広まり、今後の受注件数が減少することを防ぐために、突貫工事であっても、とにかくマンションの完成を急ぎます。

第3章 マンション建築をめぐる法律と構造上の問題点

2 マンションの構造について知っておこう

一般的な鉄筋コンクリート造りのマンションの中でも、構造にさまざまなバリエーションがある

● どんな種類があるのか

現在のマンションは、強度・耐久性・耐火性などを備えていることが要求されます。そのため、これらの性質を兼ね備えた**鉄筋コンクリート造（RC造）** のマンションが一般的です。

鉄筋コンクリートとは、圧縮力には弱いものの引っ張る力には強い鉄筋と、引っ張る力には弱いものの圧縮力には強いコンクリートを合わせたもののことをいいます。鉄筋コンクリート造は、鉄筋とコンクリートがお互いの弱点を補い合うことができるため、高い耐久性を誇ります。

その他にも、マンションの中には、**鉄骨造（S造）** や**鉄骨鉄筋コンクリート造（SRC造）** といった構造のものが存在しています。鉄骨造とは、建物の柱や梁の部材として鉄や鋼（鉄骨）を用いた構造のことをいいます。鉄骨造は、揺れやすい点が大きな特徴です。大地震のときに、建物全体が揺れる構造になっていれば、地震の衝撃をうまく逃がすことができます。したがって、耐震性がとくに要求される高層マンションなどにおいては、鉄骨造は好まれる構造だといえます。

また、鉄骨鉄筋コンクリート造とは、鉄筋コンクリートで造られた柱や梁の中に鉄骨が入っている構造のことをいいます。鉄骨鉄筋コンクリート造は、鉄筋コンクリート造と鉄骨造の両方の長所を持ち合わせているため、大規模な建物を建築する場合に適した構造であるといえます。ただし、他の構造に比べて、コストがかさんでしまうことが欠点となります。

● 多くのマンションはラーメン構造

　部材に何を用いるかということ以外にも、マンションの構造として注目すべき点があります。建築様式が、ラーメン構造か、壁式構造かという点です。多くのマンションが採用している構造は、ラーメン構造と呼ばれる建築様式です。**ラーメン構造**とは、柱や梁をしっかりと接合し、その軸組によって建物全体を支える構造をいいます。耐力壁が不要なため、空間を自由に使うことができるというメリットがありますが、柱や梁が建物内部に多く張り出してしまうというデメリットもあります。

　壁式構造では、耐力壁が建物全体を支えるしくみを採用しています。コストが安いにもかかわらず、耐震性に優れており、災害対策としても好まれる構造といえます。しかし、現在の建築基準法上の基準では、基本的には低層マンションでのみ使用することができる構造です。5階以上のマンションでは、壁式構造を採用することは原則としてできません。

　以上のように、マンションを建設する際に採用される部材や構造にはさまざまな特性があり、状況に合わせて使い分けがされています。

■ マンションの構造

一般的なマンションの構造

鉄筋コンクリート作り
↓
ラーメン構造

【ラーメン構造】

第3章　マンション建築をめぐる法律と構造上の問題点

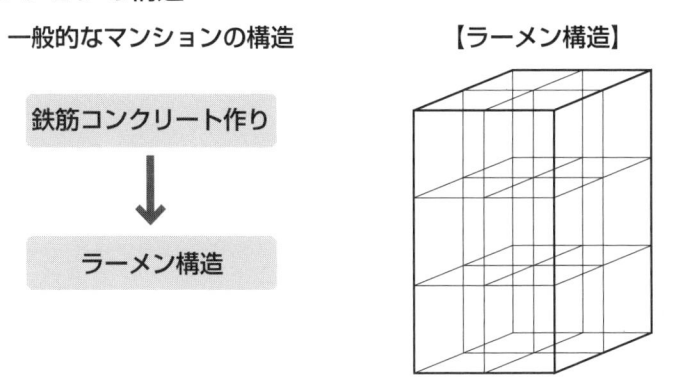

3 建築基準法と容積率・建ぺい率について知っておこう

土地に建てることができる面積には規制がある

● 建築基準法とは

建築基準法は、社会全体の利益を損ねないように、建築物の敷地、構造、設備および用途について必要最低限の基準を定めています。

建築基準法の規定は大きく分けて「制度規定」と「実体規定」に分類できます。

制度規定とは、建築基準法内に出てくる用語の定義や建物を建てる際の手続きの他、建築に関係する資格の検定機関、建築審査会、罰則などの規定をいいます。

実体規定は、さらに「単体規定」と「集団規定」に大別されます。

実体規定のうち、単体規定とは、建築物一つひとつについて遵守すべき最低限の基準のことです。屋根や防火壁、居室の採光・換気、便所、電気設備など、建築物の安全を守ることを目的として、さまざまな基準が設けられています。集団規定とは、その建築物が建つ街や都市の中で遵守すべき基準のことです。敷地と道路の関係や建築物の用途、用途地域ごとの建築物の制限などが定められています。

単体規定が全国どこの建築物でも同様に適用されるのに対し、集団規定は条例による制限を除き、都市計画区域・準都市計画区域内のみで適用されます。

● 容積率の規制

容積率とは、建物のすべての床面積を合計した延べ面積の敷地面積に対する割合のことです。つまり容積率は、「(延べ面積÷敷地面積)×100」ということになります。高層マンションなどの場合は、

容積率が500％以上になることもあります。容積率は市区町村によって土地ごとに決められています。マンションの建替えにあたって容積率を考慮しないと「容積率の制限によって、計画よりマンションの規模が大幅に小さくなってしまった」という事態もあり得ます。

◉ 建ぺい率の規制

　建ぺい率とは、その建物の建築面積（建物の外壁またはそれに代わる柱の中心線で囲まれた部分の水平投影面積）の敷地面積に対する割合をいいます。マンションの場合は、マンション各階でもっとも外に突き出した部分の中心を結んだ部分の内側が建築面積になります。

　建築面積は容積率と違い、100％を超えることはありません。建ぺい率は、％表示ではなく、10分の1単位で決まっています。建ぺい率も容積率と同じように市区町村によって土地ごとに決められています。マンションの建替えにあたって建ぺい率を考慮しないと、「建ぺい率の規制が以前より厳しくなっていたため、建替え後のマンションの各階あたりの面積が狭くなってしまった」という事態があり得ます。

■ 建ぺい率と容積率

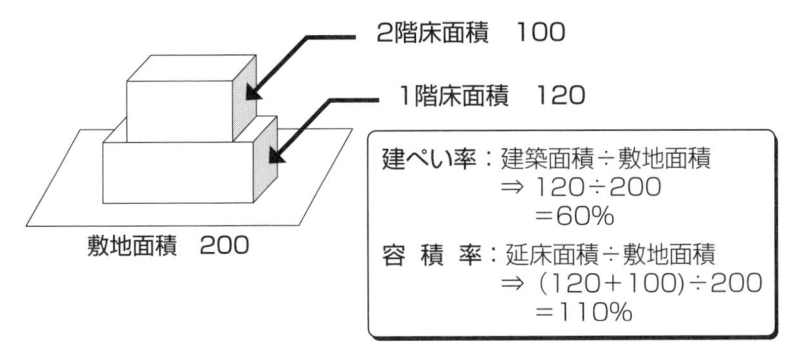

2階床面積　100
1階床面積　120
敷地面積　200

建ぺい率：建築面積÷敷地面積
　　　　⇒ 120÷200
　　　　　＝60％

容 積 率：延床面積÷敷地面積
　　　　⇒ （120＋100）÷200
　　　　　＝110％

4 マンション購入の際には用途地域にも注意しよう

用途地域を知り住環境を予測する

◉ 用途地域とは

　都市計画法上、土地は12の用途地域に分けられています。

　用途地域については、図（79ページ）を見て下さい。大きく分けて、住居系、商業系、工業系の３つに分けられます。

　行政は、この用途地域と建築基準法などを連動させて、それぞれの地域・地区の目的に応じた規制をし、快適な都市空間を構築しようとしているのです。

　以下、各用途地域についてそれぞれ特色を見ていきましょう。

・低層住居専用地域（１種・２種）

　低層住居専用地域は、用途地域の中で最も良好な住環境をめざすものです。そのため、建ぺい率・容積率・建物の高さ・隣地との関係などについて、非常に厳格に規制されています。

　第１種低層住居専用地域では、原則として、住居を兼ねた小規模な店舗や、小中学校、診療所など以外は、高さが10ｍまたは12ｍ（どちらにするかは都市計画で定めます）を超えない低層住居しか建築できません。第２種低層住居専用地域では、第１種に比べて若干規制が緩和されています。たとえば、２階建て以下で延べ床面積が150㎡以下の小規模な店舗であれば、小売店や飲食店の建設も許容されています。

・中高層住居専用地域（１種・２種）

　中高層住居専用地域は中高層住宅の良好な住環境を守るための地域です。中高層住居とは、４階建て以上の鉄筋コンクリート造りのマンションなどを指します。

　第１種中高層住居専用地域では、商業用建物について制限があり、

店舗については2階建て以下で延べ床面積が500㎡以下でなければなりません。第2種中高層住居専用地域は若干基準が緩和されており、1500㎡までであれば、物品販売業の店舗などの建築も認められています。

・**住居地域（1種・2種）、準住居地域**

　住居地域は、低層・中高層住居専用地域と同じく住環境を保護するために設定される地域ですが、商業用建物の混在も予定しているという点が異なります。

　第1種住居地域は、商業施設の建設についての配慮から低層住居専用地域よりも容積率も緩和されています。ただ、住環境の保護が重視され、店舗が許可されるのは3000㎡までで、パチンコ店などの建設は禁止されています。第2種住居地域は、住居系地域の中のひとつですが、飲食店、ホテルなどを建築する場合でも大きさの制限がなくなるので、規制緩和も第1種住居地域より進んでいます。準住居地域は第2種住居地域よりも、さらに商業などの業務への配慮が強くなっています。幹線道路の沿道などが準住居地域に指定されていることもあり、店舗・事務所の建築はかなり自由に認められています。ただし、性的興味をそそるような施設の建設は禁止されています。

・**商業地域、近隣商業地域**

　商業地域は、おもに商業などの地域的発展をめざす地域で、都心や主要駅を中心として広域に指定されます。これは、地域的に多くの人を顧客として受け入れることを予定しているからです。商業地域では、クラブ・キャバレーや映画館・劇場・演芸場といった娯楽施設も建築できます。

　近隣商業地域は、近隣に住む住民の日常生活の需要に応える商業その他の業務の発展をめざす地域です。バス通り沿いの停留所をメインに道路の両側それぞれ20mの範囲の商店街を指定するなど、細長い地域を指定することが多いのが特徴です。商業地域、近隣商業地域のいずれの地域でもたいていの建築物は建てられますが、危険性がある

工場や環境を悪化させるおそれのある工場、作業場で延べ床面積が150㎡を超える工場の建設は許されていません。

なお、近隣商業地域は住民の日常的需要に応える地域であるため、商業地域では許容されているキャバレーなどの娯楽施設の建築は許されません。

・準工業地域、工業地域、工業専用地域

準工業地域は、おもに軽工業の工場等の環境を悪化させるおそれのない工業の発展を図ることを目的とした地域です。したがって、工場だけでなく、一般の住居・アパートなどの集合住宅、商業店舗が混在していることが多い地域です。ただ、都市部周辺では、近年の不況に伴って撤退した工場跡地に中高層マンションが建設され、マンション地帯の様相を呈している地域が増えています。

準工業地域は環境の悪化をもたらすおそれのない工業の利便を増進するための地域とされています。工業地域は、おもに工業の発展を図るために指定される地域です。工業地域の性質上、小学校や大学、病院、ホテルといった施設を建築することはできません。工業専用地域は、工業地域よりもさらに工業の発展という目的を徹底した地域で、大規模工業団地などがこれに該当します。工業専用地域では住宅、店舗、飲食店はもちろん、学校や病院といった一定の良好な環境を必要とする施設の建設も許されません。

● マンション購入の際、どんな点に注意すればよいのか

マンションの購入を検討している場合には、購入希望のマンションがどのような地域に建てられるのかを、あらかじめ確かめておく必要があります。都市計画法によると、敷地の上にマンション等の建物を建設する場合、その用途に関して、前述のように、用途地域により制限が加えられています。自分が購入しようとするマンションの立地条件を十分に理解しておかなければ、自分が希望する用途に用いるこ

とができない場合や、または、静穏なマンション暮らしを希望しているのに、近所に騒々しい娯楽施設等がある場合には注意が必要です。

また、道路斜線はさまざまで、日照に関する権利についての扱いも、多様な取いが規定されています。たとえば、隣に住む住民等の住居に対して、平等に日当たりが行き届くように工夫が施されています。

このように、日照に関して重要な規制が加えられていますので、この制限によって、自分自身が思い浮かべる用途として、マンションを用いることが許されないかもしれません。そこで、どの用途地域による規制が加えられるのかを、あらかじめ知っておく必要があります。

■ 用途地域の概略

	用途地域の種類	地域特性
住居系	①第1種低層住居専用地域	低層住宅に係る良好な住居の環境を保護するため定める地域
	②第2種低層住居専用地域	主として低層住宅に係る良好な住居の環境を保護するため定める地域
	③第1種中高層住居専用地域	中高層住宅に係る良好な住居の環境を保護するため定める地域
	④第2種中高層住居専用地域	主として中高層住宅に係る良好な住居の環境を保護するため定める地域
	⑤第1種住居地域	住居の環境を保護するため定める地域
	⑥第2種住居地域	主として住居の環境を保護するため定める地域
	⑦準住居地域	道路の沿道としての地域の特性にふさわしい業務の利便の増進を図りつつ、これと調和した住居の環境を保護するため定める地域
商業系	⑧近隣商業地域	近隣の住宅地の住民に対する日用品の供給を行うことを主たる内容とする商業その他の業務の利便を増進するため定める地域
	⑨商業地域	主として商業その他の業務の利便を増進するため定める地域
工業系	⑩準工業地域	主として環境の悪化をもたらすおそれのない工業の利便を増進するため定める地域
	⑪工業地域	主として工業の利便を増進するため定める地域
	⑫工業専用地域	工業の利便を増進するため定める地域

5 図面を上手に活用する

「構造図」の地盤調査図と基礎構造図から耐震性を確認する

● 設計図書とは

　設計図書とは、建築物の工事を行うために必要になる書面一式のことをいいます。設計図書には、建築予定の建物の図面や仕様書（工事の内容や手順を説明する書面）などが含まれています。一定の建築物を建築するためには、特定行政庁や民間の指定確認審査機関の審査を受ける必要がありますが、この建築確認を申請するときには、申請書に設計図書を添付することになっています。

　どのような建物を建築するのかによって、設計図書として必要になる書面の種類や量は異なります。マンションのように大きな建物を建築する場合には、何百枚という膨大な枚数の書類を作成しなければなりません。

　設計図書を見れば、どのような場所にどのような工程を経てどのような建物が建てられるのかという、その建物に関するさまざまな情報を読みとることができます。ただし、建築や建物設備などについての専門的な知識がなければ、読みこなせない部分が少なくありません。そのため、設計図書の内容を正確に理解するためには、専門家に相談することも有効な方法になります。

　設計図書は、不動産販売会社に閲覧を希望すれば、マンションを購入する前でも確認することが可能です。しかし、閲覧を希望しても、いろいろな理由をつけて閲覧を渋ったり、重要な書面を省いたものしか閲覧させてもらえなかったりするケースもあるようです。こうした会社は都合の悪い情報を隠している場合もありますので、注意する必要があります。

● どんな図面が重要なのか

　設計図面は、「意匠図」「構造図」「設備図」に分類することができます。

　「意匠図」とは、建物の全体の形や間取りなどについて記載した書面のことをいいます。デザイン（意匠）のことについて調べたい場合は、意匠図を確認すればよいことになります。意匠図の代表的なものには、平面図（建物を一定の高さで水平に切り、その断面を真上から見下ろした状態を記載した図面）や、立面図（建物の外観を四方向から見た状態を記載した図面）、断面図（建物を一定の場所で垂直に切り、その断面を真横から見た状態を記載した図面）、矩計図（断面図の詳細を記載した図面）などがあります。

　なお、平面図に似たものとして、間取図というものがあります。これは、部屋割りについてわかりやすく説明するための図面で、平面図を簡略化したものです。不動産広告などでよく見かける図面は、大抵がこの間取図です。間取図は、正確な断面を再現したものではない

■ 設計図書の具体例

- 仕様書（工事の内容・手順を記載）
- 仕上げ表（内部・外部の仕上げ方法や仕上げ材料を記載）
- 付近見取り図（目印となる周囲の施設を記載）
- 配置図（方位や敷地内の建物の配置を記載）
- 各階平面図　・立面図　・断面図　・矩計図
- 基礎構造図　・地盤調査図
- 求積図、求積表（平面図や敷地図から床や敷地の面積を求めたもの）
- 電気設備図　・給排水設備図
- 換気計算書
- 使用建築材料表

※複数の内容を1つの書面にまとめることも可能
※建物によって必要となる書面は異なる

第3章　マンション建築をめぐる法律と構造上の問題点

ため、壁の厚さなどを確認することはできません。両者を混同しないよう、十分注意しましょう。

「構造図」とは、その名の通り、建物の構造について記載した書面です。基礎がどのような造りになっているのか、建物の柱・梁・壁などにどういった素材が使われ、寸法はどのようになっているのか、などといったことを調べることができます。構造図の代表的なものには、地盤調査図、基礎構造図、配筋図（鉄筋コンクリート造の建物について、その鉄筋の配置方法などを記載した図面）などがあります。

「設備図」とは、電気・水道・ガスなどの設備について、配管や配線の位置、照明・コンセント・給湯器・換気扇の場所などを記載した書面です。電気設備図、給水設備図、排水設備図、給湯設備図、ガス設備図、換気設備図などがあります。

なお、一定の要件に当てはまる建物を建築する場合には、これらにあてはまらない書面も建築確認申請の際に必要になります。たとえば、日影規制を受ける建物を建築する場合には、「日影図」も建築確認申請書に添付することになります。日影図とは、当該建物が建設された後に、周囲に生じる時間ごとの影について記載した書面のことをいいます。また、斜線制限などの緩和を受ける建物については、その緩和条件に該当することがわかる「配置図」なども添付することが必要になります。

これら書面は、どれもが建物の情報を知るために欠かせない書面です。中でも「構造図」には、建物の耐震性など、安全性の根幹に関わる情報が載っていますので、非常に重要な書面であるといえます。

● おもな図面の読み方

設計図面の中でも「構造図」は非常に重要ですから、まずは構造図に目を通すようにしましょう。とくに、地盤調査図には、支持地盤（建物を支えることになる地盤）についての情報が記載されています。

具体的には、ボーリング調査（標準貫入試験）という地盤調査の結果が記載されていますので、どの程度硬い（または軟らかい）地盤の上に建つ建物であるのかを必ず確認するようにしましょう。また、基礎構造図には、杭基礎に関する情報（杭の数・位置・長さ・太さなど）が記載されていますので、こちらも必ずチェックしましょう。

次に、意匠図のうち「矩計図（かなばかりず）」に目を通しましょう。矩計図とは、建物の断面図のことで、さまざまな部分の細かな高さを確認することができます。天井の高さや、二重天井・二重床であるか否かなどを、しっかり確認するようにしましょう。

● その他こんな書面もある

設計図面以外にも、建物の情報を知ることのできる書面はあります。

たとえば、すでに建設済みのマンションについての情報を調べる場合には、「竣工図」を確認することが重要になります。竣工図とは、建物の建設中に設計内容に変更が生じた場合に、その都度書面に修正を加えた書面のことをいいます。当初の設計図面の内容と建設された建物の状態は一致しないことも多いため、中古マンションの購入を検討している場合には、竣工図によって正確な情報を確認するようにしましょう。なお、竣工図は管理組合や管理会社が保管していることが一般的です。

また、新築マンションの購入を検討している場合は、購入予定のマンションの日当たり状況について記載されている「日影図」（周囲の建物が購入予定のマンションに与える影響についてわかるもの）について確認することも大切です。将来周囲に建つ可能性のある建物を視野に入れて作成された日影図が用意されている場合もありますので、不動産販売会社に確認してみるようにしましょう。

6 建物を建てることのできる高さの規制はどうなっているのか

高くなれば高くなるほど規制が増えることになる

● 建物の高さについてさまざまな規制がある

　高さのある建物は、しっかりとした安全性を確保していないと、その建物を利用する人々に危険を生じさせてしまう恐れがあります。また、周囲の日照や通風を阻害し、周囲の環境を悪化させてしまう恐れもあります。こうした問題の発生を防止するため、建築基準法や消防法などでは、一定以上の高さの建物が備えなければならないさまざまな基準を定めたり、建てられる建物の高さ自体に制限を置いています。マンションも、当然これらの法律による規制の対象となっています。

● 31m、45m、60mといった基準がある

　マンションにおいて高さの重要なボーダーラインになるのは、45mです。45mを超えるマンションは、「高層マンション」となり、複雑な構造計算が必要になってしまうからです。建築確認申請をする場合にも複雑な手続きが必要になりますので、その分、さまざまな費用がかかってしまうことになります。したがって、マンションを建てるときには高さを45m以内に抑えることが多くなっています。

　なお、45mの高さとは、ほぼ14階建ての高さになります。ただし、45mの高さで15階建てのマンションを建てることも可能です。15階建てにした場合、その分戸数を増やすことができますので、一戸当たりの販売価格を抑えることができます。しかし、その一方、各階の高さが低くなることになりますので、二重天井や二重床などの構造を取ることができず、直天井や直床になってしまうというデメリットがあります。二重天井・二重床であることは、防音効果やリフォームのしや

すさに直結しますので、15階建てのマンションの購入する際には、その点についてよく検討をするようにしましょう。

消防法では、建物の高さが31mを超えると、非常用のエレベータの設置をしなければならないと規定されています。これは、火災が発生した場合に、はしご車が対応できる高さが31mであるためです。また、31mを超える建物には排煙設備や空気調和設備の管理を行う部屋(中央管理室)を設置することも必要になります。こうした設備の設置には多くの費用がかかりますから、建物の高さを31m以内にすることもよく行われています。31mの建物はおよそ11階建てになりますので、11階建ての建物も多く存在しています。

60mを超えるマンションは「超高層マンション」「タワーマンション」などと呼ばれています。階数は20階建て以上になります。超高層マンションは、高層マンションよりもさらに厳しい構造基準をクリアしなければなりません。具体的には、構造計算を、時刻歴応答解析(建築物の各部分に生じる力などを連続的に把握できる計算方法)によって行われなければなりません。コンピュータシミュレーションによって地震発生時の揺れについて十分な検証を行った上で、国土交通大臣が指定する特定性能評価機関において厳格な審査を受けなければいけないことになっています。

また、航空法では、60m以上の建物について、定められた場所に航空障害灯を設置しなければならないことを規定しています。この規定によって、超高層の建物が増加しても、航空機の安全な航行を確保することができています。

このように、建物は高くなれば高くなるほどクリアしなければならない基準が増え、建設にかかる期間や費用の負担が大きく増していくことになります。似たような高さ・階層で建てられている建物が多く存在しているのは、こうした基準にかからないギリギリの部分で高さを調節し、建物を建てている場合が多いからなのです。

● その他こんな制限もある

その他、斜線制限・天空率・日影規制などの制限もあります。

・斜線制限

斜線制限とは、建物周辺の採光、通風などの環境を確保するために、都市計画区域内の建物の高さを制限するものです。道路や隣地との境界線から一定の角度の斜線を引き、その斜線の範囲内に納まる高さであれば建物を建てることができるという制限です。

斜線制限には、道路斜線制限・隣地斜線制限・北側斜線制限の3種類があります。この斜線制限の適用を受けている建物は、上の階が斜めに削られたような形になっています。

隣地斜線制限とは、隣地間で近接した建物の通風や日照を確保するための高さ制限です。隣地斜線制限については、住居系の地域の場合、建物の高さ20mを超える部分について、傾斜が1：2.5の斜線の範囲に収まるように建築しなければなりません（下図a）。

北側斜線制限とは、北側にある隣地の日照を確保するための建物の高さ制限です。中高層住居専用地域の場合、地盤面から10mの高さ

■ マンションと隣地斜線制限・北側斜線制限

隣地斜線制限 （住居系地域、図a）	北側斜線制限（第1種・第2種 中高層住居専用地域、図b）
高さ制限 1 / 1.25 20m 隣地境界線	1 / 1.25 10m　北 隣地境界線

を起点に傾斜が1：1.25の斜線の範囲に収まるように建築しなければなりません（前ページ図b）。

　なお、建物を建てる場所によっては、制限を超えるような建物を建てたとしても、周囲の採光や通風などの環境を保つことができる場合も多く想定されます。そこで、一定の要件を充たす場合には、さまざまな緩和措置が受けられることになっています。

・**天空率**

　天空率とは、ある地点からどれだけ天空が見込まれるかの割合を示したものです。斜線制限ギリギリで敷地の幅いっぱいに建てた建物と、斜線には当たってしまうが、よりスリムな建物とを比較して、後者の方が天空率が多くなった場合、斜線制限の目的である、通風や採光が確保されたものとして緩和を適用できることになっています。

　斜線制限のみでは、不自然な階段状のマンション等が多くなってしまいます。しかし、天空率を適用すると、斜線制限よりも設計の自由度が増すため、以前よりも高度のある建物の建築が容易になりました。

・**日影規制**

　日影規制とは、中高層建築物によって日影が生じる時間を制限し、周囲の敷地にある建築物が一定の日照時間を確保できるようにする規制です。日影規制は、建物の形態を直接に規制するわけではなく、建築物の周辺に生じる日影を規制することで、間接的に建築物の形態を規制しています。日影規制は、全国一律に適用されるものではありません。地方の気候や風土にあわせて、都道府県や市町村などの地方公共団体が条例によって日影時間を指定します。日影を測定するのは、最も日照時間が短い冬至の日になります。対象となる測定時間は、午前8時から午後4時までの8時間の間です。

7 建物の基礎について知っておこう

マンション建設には地盤調査と杭打ちが欠かせない

● 支持地盤については構造図に書かれている

　建物を建てるためには、その建物の重量を支える**基礎**が必要です。この「基礎」部分に不具合があると、建物全体の安全性が脅かされてしまいます。平成27年には、旭化成建材株式会社が基礎工事（杭打ち工事）を手がけたマンションに傾きが生じたことをきっかけに、データ流用や改ざんが多数行われていたことが大きく報道されました。この事件によって、基礎工事の重要性を再認識された人も多いのではないでしょうか。

　基礎は、建物の大きさや重さ、地盤の状態などに合わせて設計されます。マンションの場合は規模が大きいため、基礎も大がかりなものになります。基礎の設計上、建物を支えることになる地盤のことを**支持地盤**といいます。支持地盤については、設計図面の種類のうち「構造図」に記載がありますので、該当するマンションがどういった地盤の上にどのような基礎工事を経て建てられているのかを確認するときには、必ず構造図に目を通すようにしましょう。

● Ｎ値50まで届いていなければならない

　Ｎ値とは、地層の硬さを示す値です。数字が小さいほど軟らかい地層であり、数字が大きいほど硬い地層であることを表します。建築基準法には、マンションの基礎は良質な地盤に届いていなければならないという規定が置かれていますが、ここでいう良質な地盤とはＮ値50以上の硬さがあるということを意味しています。

　つまり、マンションを建てるときには、Ｎ値50以上の地層がどこ

に存在するかを調べることから始めなければなりません。こうした作業のことを**地盤調査**といいます。

　地盤調査は、ボーリング調査（標準貫入試験）という方法で行われます。簡単にいうと、サンプラーと呼ばれるパイプ状のものを、自由落下させたハンマーで打ち、サンプラーが30cm貫入するための打撃回数を数えるという方法で行われます。大がかりな作業であるため、多額の費用がかかりますが、安全な基礎を設計するために欠かせない作業となります。

◉ 杭が長い場合にも問題がある

　地盤が硬い台地などにマンションを建設する場合には、地盤を数メートル掘るだけで十分な基礎を作ることができます。では、川や海の周辺など、もともと地盤が軟らかいような場所に建つマンションの基礎は、どのようにして作られているのでしょうか。

　実は、Ｎ値50以上の地盤に届く深さまで、何十〜何百という数の杭を打つことで、そのマンションの重量を支える基礎を作っています。こうした基礎のことを**杭基礎**といいます。

■ 杭が届いていなければならない深さ

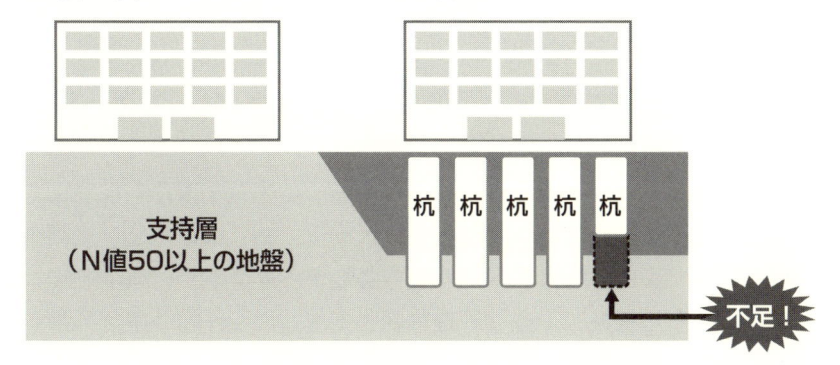

支持層
（Ｎ値50以上の地盤）

杭　杭　杭　杭

不足！

第3章　マンション建築をめぐる法律と構造上の問題点

もともとの地盤が非常に軟らかい場所では、N値50以上の地盤に届く基礎を作るために、地下数十mという非常に深い地層にまで杭を打ち込まなければならないことも少なくありません。しかし、縦に長い形状のものは、縦の力（建物の重量）には強くても、横からの力には弱いという弱点があります。杭の長さが長いほど、地震などで横から大きな力が加わったときに損傷してしまう可能性が高くなるということを、よく理解しておくことが大切です。

● 横浜のマンション傾斜事件はなぜ起きたのか

平成27年10月に三井住友レジデンシャルが横浜市で販売したマンションにおいて、一部に建設時に必要な地盤調査を行わず、別の地盤データを転用・加筆して基礎工事を行ったもので、一部マンションが傾く事態にまで及んでいます。マンションが傾く原因は、基礎工事で打ち込む杭、合計52本のうち、6本が強固な地盤まで届かず、2本が打ち込み量不足であることによることがわかっています。さらに、傾きが生じたマンションは、4棟で合計38本の杭の施工記録が、別のデータを転用・加筆したものであることが判明しています。

横浜のマンション傾斜事件が起きた背景に、マンション販売における特有の構造の存在が挙げられます。つまり、マンションのデベロッパーが、1棟のマンションを分譲したときに得られる純利益は、非常に薄利であるといわれています。そこで、少しでも利益を捻出するために、建設費を極限まで圧縮しようと、ゼネコン（元請け業者）に無理な工事を発注し、さらにそのゼネコンが、下請け業者に過酷な負担を負わせるといった、負の連鎖が循環する構造が事件の根底にあります。建物構造に直結する杭打ちは、本来であればボーリング調査を行った上で正確に支持層へ打ち込む必要がありますが、極限までコストを削減した結果、十分な管理体制の下で適切な作業や確認行為が行われなかった可能性が想定されます。

8 耐震性基準について知っておこう
新耐震基準を充たしているかどうかが重要になる

● 耐震基準を充たしているかどうかのチェック方法

　日本は非常に地震の多い国です。安心してマンションに住むためには、そのマンションが十分な耐震性を有していることが必須の条件になります。

　正確に耐震性を確認するためには、**耐震診断**をするという方法があります。しかし、個人がマンションを購入する前に、そのマンションの耐震診断をすることは、あまり現実的な方法とはいえません。なぜなら、マンションの耐震診断を行う場合、購入予定の部屋のみを診断しても意味がなく、マンション全体の診断をする必要があるからです。当然、多額の費用と長い期間がかかってしまうことになります。

　そこで、これに代わる方法として、そのマンションが**耐震基準**を充たしているかどうかをチェックするという方法が挙げられます。耐震基準とは、大きな地震が発生しても建物が倒壊・損壊しないように、建築基準法などの法律によって定められている、建物を設計する際の最低限の基準のことです。

　マンションを建築する場合、特定行政庁（市町村長または都道府県知事）や民間の指定確認検査機関の建築確認を受けなければなりませんが、この許可を受けるためには耐震基準をクリアしていることが必要になります。つまり、建築確認申請の際に提出した設計図などを確認すれば、マンションの構造や、どの程度の耐震性を有している建物であるかを確認することができるわけです。

　また、中古マンションの場合は、竣工図を確認することも重要になります。**竣工図**とは、マンションの工事中に設計に変更が生じた場

合に、その都度その変更点を反映させた図面のことです。設計図と実際のマンションが一致しないことは、とくに珍しいことではありません。竣工図には、当該マンションの正確な情報が記載されていますし、地盤についての情報も記載されていますので、必ず確認するようにしましょう。なお、竣工図は管理組合や管理会社に保管されていることが一般的です。

● 新耐震基準について

　耐震基準は、過去何度も見直しが行われていますが、その中でも昭和56年（1981年）6月の建築基準法改正では非常に大きな基準の変更が行われました。この改正後の基準を「新耐震基準」、改正前の基準を「旧耐震基準」といいます。

　旧耐震基準は、震度5程度の地震が発生した場合に、柱や梁などの構造躯体が損傷しないことを想定した基準でした。しかし、1978年に発生した宮城県沖地震（震度5）の経験から、人命を守るためにはこの基準では不十分であることが提唱され、震度7程度の地震を想定した基準に引き上げられることになったのです。

　新耐震基準には、第1段階と第2段階があります。第1段階とは、前述した旧耐震基準と同様の内容になっています。第2段階とは、震度6強から震度7程度の地震が発生した場合に、柱や梁などの構造躯体が損傷したとしても、倒れたり崩れたりしないことを想定した基準となっています。

　この新耐震基準によって建てられた建物は、1985年の阪神・淡路大震災や2011年の東日本大震災などの大規模地震が発生した際にも、倒壊したという報告は挙がっていないため、一定の安全性を保つことができているといってよいでしょう。

　ただし、耐震基準はあくまでも「構造躯体が損傷しない・倒壊しない・崩壊しない」ことを目的としており、倒壊・崩壊の危険から人

命を守るための最低限の基準であるという点に注意しなければなりません。構造躯体以外の部分（壁など）については基準の対象外になっていますので、中規模地震で損傷する可能性もありますし、大規模地震によって損傷したマンションを修繕するためには高額な費用が必要になるという場合も十分考えられます。耐震基準をクリアしているからといって、地震が発生してもマンションを無傷で使い続けることができるわけではないという点を勘違いしないように注意しましょう。

そのため、大規模な災害時に、建物の構造自体には被害がなくても、住戸の窓やドアが開かなくなるなどの危険はあります。また、損壊には至らない程度の壁等の損傷により、住民がケガなどを負うおそれがあるため、耐震基準とは別に、災害への備えは、やはり必要になります。

◉ 中古マンションについてのチェックポイント

中古マンションのようにすでに建築が完了しているマンションの場合は、そのマンションの形状を確認することで、耐震性の強弱をある程度推測することが可能です。

マンションは、その構造がシンプルなほど耐震性が高くなります。

■ 新耐震基準のまとめ

必要な費用	一次設計	二次設計
地震の規模	中規模地震 （震度5程度）	大規模地震 （震度6強～7程度）
計算方法	許容応力度計算	保有水平耐力計算
対象範囲	構造躯体 （柱・梁など）	構造躯体 （柱・梁など）
求められる程度	損傷しない （無被害）	倒壊・崩壊しない （損傷は残る）

※昭和56年6月以降の建築確認において適用

そのため、長方形がそのまま地面に立っているようなデザインのものは、高い耐震性が期待できます。しかし、デザイン性を上げるため、または、法律の制限があるため、実際にはさまざまな形のものがあります。

たとえば、1階部分の壁を取り払い、広々と開放感のあるエントランスを特徴としているマンションの場合、デザインが素敵な一方で、壁がない分、柱に負荷のかかる構造になっているといえます。

また、一定の高さから斜めに削られているような形のマンションも注意が必要です。このようなマンションは、斜線制限（周辺の通風や採光などの環境を保つための高さ制限）を受けるために、こうした形を取らざるを得なくなっています。斜めに削られている部分が多いほど、下の階にかかる重さに差が生じることになりますので、このようなマンションも一定の部分に負荷がかかる構造であるといえます。

ただし、これらのような構造のマンションであっても、耐震性をしっかりと確保したマンションであれば問題ありません。構造上で疑問を感じる部分がある場合は、安全性を確認するようにしましょう。

■ マンションの形状からわかる耐震性 ……………………………

【耐震性が高いケース】
　　例：
　　シンプルな形状

【耐震性が低くなるケース】
　　例1：
　　1階部分に壁がない

　　例2：
　　一部の高さが削られている

第4章

購入物件を決めたら

1 契約前のチェックポイントをおさえておこう

購入希望書を提出したからといって、即座に売買契約が成立するわけではない

● 購入までの流れをおさえておく

　マンションの購入希望者が、購入を希望する物件を見つけることができた場合には、契約を申し込み、住宅ローンの申入れなどを経て、実際にマンションの引渡しを受けるという、購入の手続きをふまえる必要があります。

　マンション購入手続きは、以下の手続きを経て進められていきます。まず、購入申込書を提出して、購入希望者が購入の意思表示を示します。あわせて、住宅ローンなどにより資金を捻出しようとしている場合には、住宅ローンなどの審査を経て認められれば、住宅ローン等の正式申込みを行います。そして、マンション購入の際に、一般的に支払われる手付金を支払った後に、売買契約の締結が完了します。

● 購入申込書（買付証明書）の性質を知っておく

　購入申込書とは、マンション購入を検討している人が、実際に購入を希望する物件が見つかった場合に記載する書類をいいます。買付証明書とも呼ばれています（100ページ）。購入証明書は、マンション購入のためにふまえる最初の手続きになりますので、購入したいマンションが決まった場合には、早々に購入証明書を提出することが賢明です。

　購入申込書には、物件に関する情報や購入希望者に関する情報、契約予定日が記載されることはもちろんのことながら、その他にも、マンション購入にあたって希望する金額や、手付金の金額などが記載されます。マンションの購入では、一般に、売主が個人の場合が典型

的ですが、個人対個人の交渉によって契約が進められていくために、購入申込書に購入希望価格等が記載されることで、購入希望者の希望や購入のための条件が、売主に対して明確に示されることになります。もっとも、購入希望書を提出したからといって、即座に売買契約が成立するわけではないということに注意が必要です。購入申込書に法律上の拘束力はありません。購入申込書が提出されたことをきっかけに、売主は購入希望者と実際に売買契約を締結するか否かを、判断することになります。売主が提示する販売価格の値引き交渉も、購入申込書の提出後の交渉の中で行われることになります。

　購入申込書が提出された後の交渉の中で、売主と購入希望者が合意に達すれば、ようやく売買契約が締結されます。他方で、購入申込書等を吟味した結果、売主が、購入希望者にはマンションを売ることができないと判断することも許されています。また、購入申込書自体には、契約の拘束力はありませんので、売主が、他の第三者に、マンションを売却すると決定することも許されます。

■ マンション購入の流れ

①購入希望の物件を見つける

▼

②購入申込書を提出する

▼

③住宅ローン等の審査　　④住宅ローン等の申込み

▼

⑤売買契約の締結・手付金の支払い

● 下見から引越しまで

　購入を検討するマンションを発見したときに、実際に入居するために、マンションに引っ越すまでには、前述の手続きを経ることになります。とくに購入予定物件が中古マンションの場合、住宅診断士が第三者的・専門家の立場から、住宅の劣化状況、欠陥の有無、改修すべき箇所やその時期、費用の概算などを見きわめ、買主にアドバイスを行うサービス（ホームインスペクション）を利用するという方法もあります。売買契約を締結する前に、より詳細に住宅の状況を把握しておきたい場合、活用を検討してみるとよいでしょう。

● 管理組合についてのチェックポイント

　管理組合とは、マンションの住民が構成する機関であり、おもな仕事は、管理業務を自らが行う場合もありますが、一般的には、管理会社に管理業務を委託することです。マンション購入にあたって、管理組合の存在は大きいため、管理組合に関しては少なくとも以下の2つの点についてチェックを行うようにしましょう。まず、管理規約の内容に注目します。管理規約の中に、リフォームの許可制や、ペットの飼育の是非などに関して記載されている場合には、注意が必要です。
　そしてもう1点は、大規模修繕に関する計画が挙げられます。修繕は、マンションの資産としての価値を維持するために必要な行為ですので、その計画に関してはあらかじめしっかり準備しておきましょう。

● 引渡について

　新築マンションの引渡しは、建物完成後になりますが、中古マンションの引渡しは、時期が問題になることがあります。基本的には、売主との交渉により決定しますが、売主が中古マンションを売却して、新たな建物を購入するという場合には、中古マンションの引渡しが、売主が購入する新築の住宅完成後まで遅れる場合があるため、買主が、

住宅ローンの金利の上昇といった不利益を被るおそれがあります。

● マンションの購入と登記手続き

　マンションを購入するときに必要になるのが登記手続きです。新築マンションの場合は、法務局に登記簿が存在しないため、１棟の建物や各専有部分の存在する場所やその種類、構造、床面積等を登記する必要があります。これを「建物表題登記」といい、建物を新築した分譲業者が一括して登記申請を行います。その後、買主は、マンションの一室を所有する者であることを公示するため「所有権保存登記」を行うことになります。この際、買主の住民票の他、表題部所有者（分譲業者）の所有権譲渡証明書を添付する必要があります。なお、マンションのように複数人が所有者となる区分建物の場合は、建物と土地を分離して処分できないようにするため「敷地権の登記」をする場合があります。敷地権の登記がされている新築マンションの所有権保存登記については、敷地権者の承諾書も添付する必要があります。また敷地権の移転につき登録免許税が課せられますので注意が必要です。

　一方、中古マンションを購入した場合は、売主から買主への「所有権移転登記」の申請を行います。なお、住宅ローンを組んで購入した場合は、「抵当権設定登記」の申請も必要となります。

● 登記簿を確認する

　とくに購入する住宅が中古マンションである場合には、登記簿の確認が重要になります。中古マンションには抵当権が設定されている場合も多く、登記簿を確認することで、抵当権の有無等を確認する必要があります。また住宅ローンなどの返還を滞った場合に、せっかく購入したマンションが、銀行等に差し押さえられてしまうおそれがあるためです。

■ 購入申込書（買付証明書）サンプル

不動産購入申込書

平成○○年○○月○○日

株式会社○○不動産　御中

　　　　　　　　　　　申込者　住所　東京都○○区○○町○丁目○番地
　　　　　　　　　　　　　　　氏名　甲野太郎　㊞

　私は、下記表示の不動産を下記条件にて購入したく、申込みをいたします。

1．購入価格
　　購入価格　金　30,000,000円也
　　手付金　　金　1,500,000円也（契約締結時に支払い）
　　中間金　　金　1,500,000円也（平成○○年○○月○○日迄に支払い）
　　残　金　　金　27,000,000円也（平成○○円○○月○○日迄に支払い）
2．購入条件
　　融資の利用予定　㊀・無　金 25,000,000 円也
3．契約締結予定日　平成○○年○○月○○日
4．申込有効期限　　平成○○年○○月○○日迄

【物件の表示】
　　物件種別　土地・戸建・㊀マンション㊁（　　　）
　　物件名　　○○マンション
　　所在地　　東京都○○区○○町○丁目○番地
　　土　地　　○○㎡（○○坪）
　　建　物　　○○㎡（○○坪）

　　　　　　　　　　　　　　　　　　　　　　　　以上

2 売買契約書について知っておこう

物件そのものよりも契約に付随する内容について定められている

● 契約書で争いを回避する

　マンションに関わる取引は契約によって行われます。売買や賃貸、リフォーム工事、抵当権設定など、すべて契約が締結されます。

　契約とは、当事者の間で、ある法律的な効果を発生させるという意思が合致することです。通常は、**申込み**とそれに対する**承諾**によって契約が成立します。たとえば、売買契約の場合、売主の「売ります」という申込みに対して、買主が「買います」という承諾をすれば、契約が成立します。しかし、後々、契約の有効性や契約内容をめぐって争いになる可能性もあるため、契約締結に際しては契約内容を明記した**契約書**を作成するのが一般的です。

　一定内容の条項を契約書中に明記しておけば、無用な争いを避けることができるという効果がありますから、問題になりそうなところは、たとえ法律に規定がある場合でも、あらかじめ契約書に明記しておく方がより望ましいといえるでしょう。

　ただ、契約は約束です。もし、当事者の一方が契約を守らない場合には、信頼関係が損なわれます。契約違反があった場合を**債務不履行**といいます。債務不履行にもいろいろな形態がありますが、債務不履行があった場合には、相手から契約を解除されたり、損害が発生している場合にはその賠償を請求されたりすることもあります。マンションの売買では、代金も多額にのぼりますから、軽々しく契約書にサインをすると大変な責任を負うことになってしまいます。内容を十分に吟味して、慎重に契約締結に臨まなければなりません。

　契約書は必ず複数作成し、各当事者が1通ずつ保管するようにし

ましょう。また、債務者が契約上の債務を履行しない場合、権利者はその履行や損害賠償を求めて裁判所に訴えを提起し、判決を得て、判決に基づいて強制執行（民事上、国家が債権者の請求権を強制的に実現する手続きのこと）を申し立てたりすることができますが、そのためには、契約の存在・内容を立証する必要があります。契約書は契約の成立と内容を証明する最も有力な証拠になります。

● 売買契約の確認事項

　売買時には、重要事項説明書とともに、売買契約書が交付されます。売買契約書は、売買契約の内容を書いた書類で、売主・買主ともにこの書類に書かれた内容に従って契約を遂行していくことになり、契約書に押印をすると、契約当事者はその内容に拘束されます。契約書を渡されたときは、まずは売主の氏名・住所を確認し、その不動産の所有者が売主本人であるかどうかも確認しましょう。次に、売買の対象となる不動産について、場所や面積、地目、法律上の制限といった情報を確認します。

　なお、マンションでは、建物に住むためには、その建物の立っている土地を使用する権限がなければなりません。マンションの場合、この土地（敷地）を利用する権利を**敷地利用権**といいます。敷地利用権には、所有権や地上権、賃借権などがあります。マンションの各部屋（専有部分）の所有者は（たいていは部屋の面積に応じて）敷地となる土地の持分をもつことになり、部屋を所有すると同時に敷地の利用権を確保することができます。

● どんなことを規定するのか

　売買契約書に書かれている事項は、物件について記載されている重要事項説明書とは異なり、売主と買主の間で交わされる契約内容について書かれています。おもに次ページ図に挙げる項目について記載

されています。

● どんな規定が重要なのか

契約書に書かれている事項でとくに重要なものとしては、手付金の金額と効果、売買代金の金額と支払時期、支払方法です。

契約書と重要事項説明書の記載内容が一致しているかどうかも確認し、万が一食い違っている場合には、重要事項説明書の記載を契約書に記載されている内容に改める必要があります。

なお、契約違反にあたる場合はどんな場合なのか、契約行為の着

■ 売買契約書に記載されるおもな事項

① 当事者（売主・買主）の氏名・住所
② 売買の対象となるマンションに関する情報（面積・所在地・価格等）
③ 手付金や中間金についてのとりきめ
④ マンションの引渡し時期・所有権移転に関するとりきめ（売主の義務等）
⑤ 登記に関するとりきめ（登記する時期・登記費用の負担）
⑥ 物件の面積と販売価格のとりきめ（実測・登記簿上のいずれによるものか）
⑦ 契約解除と違約金についてのとりきめ
⑧ ローン利用時のとりきめ（ローンの審査に通らなかった場合の対応）
⑨ 不可抗力による物件の被害に関するとりきめ
⑩ 瑕疵担保責任に関する事項（物件に瑕疵があった場合のとりきめ）
⑪ 固定資産税などの租税公課の負担に関するとりきめ
⑫ 特約（特記事項がある場合に記載）

手後の解約についてのとりきめ、違約金についてのとりきめも契約書に記載されていますから、確認が必要です。

　それとは別に、損害賠償問題が生じた場合の扱いや、天災による不動産の損失といった問題についてのとりきめも、記載されていますから、内容を十分理解する必要があります。

　売主にとっては、売買物件に隠れた欠陥（瑕疵）が存在した場合に、物件の修補や損害の賠償を行う、瑕疵担保責任（206ページ）を負うか否かに関する記載がとくに重要だといえます。また、売主が瑕疵担保責任を負う場合でも、責任を負う期間が長期であれば売主の不利益は大きいといえますので、どの程度の期間まで責任を負うのか、とりきめておく必要があります。

　一方、買主にとっては、購入予定マンションの完全な所有権を取得できることが重要になります。そこで、たとえば購入したマンションに、抵当権や賃借権などが設定されていれば、購入後、買主が完全に自由な利用が制限されるおそれがあるため、注意が必要になります。

● 収入印紙の貼付

　印紙税とは文書にかかる税金で、収入印紙を貼付することにより印紙税を納めます。すべての文書に印紙税がかかるわけではありませんが、1万円以上の土地・建物の売買契約書や金銭消費貸借（お金の貸し借りのこと）契約の契約書には印紙税がかかります。そのため、住宅を購入するときの売買契約書や住宅ローンの設定契約書には収入印紙を貼付して印紙税を納めることになります。

　契約書は、通常、2通作られますので、それぞれに収入印紙を貼る必要があります。売買契約書の場合は、買主と売主が1通ずつの印紙代を負担するのが一般的です。

3 手付金について知っておこう

契約時に交わされる金銭には手付、申込証拠金、内金などがある

● 手付とは

　土地や建物などの不動産を売買する際には、買主が売主に支払う手付金や申込証拠金、内金など、さまざまな名目の金銭のやりとりがあります。手付金は、契約成立を証明するもので、また解約時のペナルティの基準となる意味合いを持ちます。**申込証拠金**は、たとえば分譲マンションの入居者募集時に支払われる場合などがあり、本当に売買しようとしていることについての意思表示を表すものです。

　手付とは、不動産売買の契約が成立した証として、買主側が売主側に対して一定額を支払うことをいいます。不動産売買の場合には、動く金額が大きいため、契約当事者の一方が簡単に解約をしてしまうことがないように、手付金を支払います。具体的には、売主側に対して手付金を支払った買主が、その売買契約を解約する場合には、その手付金を放棄します。一方、売主がその売買契約を解約する場合には、買主が交付した手付金の2倍に相当する金額を買主側に支払うことになります。

　このように、不動産売買の契約成立時に買主が支払う手付には、解約時のとりきめという意味合いがあることから、**解約手付**とも言われています。ただし、不動産売買の売主が宅建業者の場合には、手付金の金額の上限は売買代金の20％以内とされています。

● 解約と手付の関係は

　解約には、大別して①手付解約と、②契約違反による解約の2種類があります。**手付解約**とは、買主は手付金を放棄し、売主は手付金

の倍額を支払って契約を解除することです。ただし、相手方が契約の履行を着手した後は手付解約を行うことはできません。ここにいう「履行の着手」とは、判例上「客観的に外部が認識しうるような形で履行行為の一部をなし、または履行の提供をするために欠くことのできない前提行為をした場合を指す」とされています。具体的には、分譲マンションの売買契約において、売主が買主の希望する間取り変更工事に着手したときや、買主の希望により引渡し前に所有権移転登記を完了したとき、あるいは引渡しを行い、所有権移転登記を完了したときには「履行の着手」があったものと考えられますので、買主側が手付金を放棄しただけでは契約を解除することはできなくなります。

一方、買主が引き渡される物件用に家具等を購入した場合や、すぐにでも残代金を支払える状態にあった場合には、売主側が手付金の倍額を支払っても、契約の解除をすることはできなくなります。

もっとも、住宅ローンの審査に通った、売主が当初の建築計画に基づいて工事に着手した場合などは、履行の着手にはあたらず、手付解約を行うことはできると考えられています。なお、相手方が契約の履行に着手した後に契約を破棄する場合には、契約違反と同じ扱いとなり、違約金や遅延損害金など、相手方が被った被害についての損害を賠償しなければ契約を解除することはできなくなります（一定の要件を満たせば、クーリング・オフを利用できる場合もあります）。

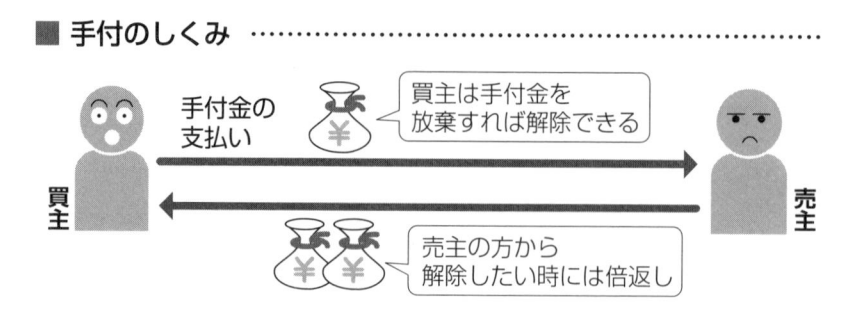

■ 手付のしくみ

買主 → 手付金の支払い → 売主
買主は手付金を放棄すれば解除できる

売主 → 買主
売主の方から解除したい時には倍返し

4 重要事項説明書はとても大切

物件、契約、周辺の環境等さまざまな確認事項を吟味する

● 重要事項説明書とは

　重要事項説明書は、不動産取引の際に、仲介する業者が買主に物件説明を行う際に交付されるもので、その物件に関する重要な事柄が書かれています。重要事項説明書は、不動産取引の際に交付・説明することが義務付けられているもので、交付や説明をしなかった場合、業者は営業停止といった処分を受けます。

　分譲マンションの場合、住戸のように所有者（区分所有者といいます）の所有権の対象となる「専有部分」と、玄関やエレベーター、階段など区分所有者全員あるいは一部の共有となる「共用部分」とに分かれ、一戸建てに比べ権利関係が複雑になっています。そのため、重要事項の説明に際しては、「共用部分の範囲、権利関係や利用方法はどうなっているか」「専有部分の利用にはどのようなルールが設けられているか」などを確認する必要があります。また、駐車場やバルコニー、トランクルームなどについて特定の区分所有者にのみ「専用使用権」を認める約束がある場合もありますので、権利関係を十分に理解する必要があります。

　もっとも重要事項説明書は、契約当日に渡される場合が多く、契約当日に書類を初めて見た状態で、業者からの説明を受けても、内容を的確に判断することは難しいのが実情です。時間的に余裕があるのであれば、重要事項説明書の内容に事前に目を通しておいた方がよいでしょう。説明は当日受けるとして、書類については、コピーなどをもらっておいて事前にチェックすることは十分可能です。不明点などがあれば、業者や専門家、役所などに問い合わせることで、不測の事

態を避けることができます。

　なお、重要事項の説明を受けた上で納得できない部分や、物件の問題点が明らかになった場合には、売買契約自体を断ることは自由です。すでに手付金や購入申込金などを交付していた場合には全額返金されることになります。

◉ 記載事項

　重要事項説明書には、買主に必要と思われる事項が書かれています。
① **物件自体についての説明事項**
　物件自体についての重要事項のおもな内容は、以下の通りです。
・物件の表示、所在地、地目、面積、建物の種類、構造等
・都市計画法、建築基準法などの法令に基づく制限の概要
・飲用水・電気・ガスの供給施設および排水施設の整備状況、施設整備に関する特別負担金の有無について
・石綿使用調査の内容、耐震診断の内容
② **契約や金銭についての説明事項**
　一方、契約や金銭のやりとり、所有権の移転といった事柄に関するおもな重要事項は、以下の通りです。
・売買代金以外に売主と買主の間で授受される金銭の有無
・契約の解除に関する事項
・損害賠償額の予定または違約金に関する事項
・宅地建物取引業者が売主の場合における金銭貸借のあっせん
③ **マンション購入の際のチェックポイント**
　マンションを購入する場合には下記の事項をチェックするようにしましょう。
・建物の敷地に関する権利の種類および内容
・共用部分に関する規約の定め
・専有部分の用途その他の利用制限に関する規約の定め

- 建物または敷地の専用使用権に関する規約の定め
- 修繕積立金に関する事項
- 管理費の額および管理の委託先

■ マンション購入時に説明を受ける重要事項のおもな内容

① 不動産の表示（土地、建物）※1

② 売主に関する事項

③ 登記簿に記載された事項

④ 法令に基づく制限の概要（都市計画法、建築基準法に基づく制限）

⑤ その他の法令に基づく制限

⑥ 私道に関する負担等に関する事項

⑦ 飲用水・電気・ガスの供給施設および配水施設の整備状況

⑧ 一棟の建物またはその敷地に関する権利およびこれらの管理・使用に関する事項 ※2

⑨ 授受される金銭の額および当該金銭の授受の目的

⑩ 契約の解除に関する事項

⑪ 損害賠償額の予定または違約金に関する事項

⑫ 手付金等の保全措置の概要

⑬ 住宅性能評価に係る事項

※1 建物については、一棟の建物の表示、専有部分の建物の表示、間取り。土地については、土地の表示、敷地権・敷地利用権の表示。

※2 ⑧の具体的内容は以下の通り。
ⓐ敷地に関する権利の種類および内容、ⓑ共用部分に関する規約等の定め、ⓒ専有部分の用途とその他の利用の制限に関する規約等の定め、ⓓ専用使用権に関する規約等の定め、ⓔ所有者が負担すべき費用を特定の者にのみ減免する旨の規約等の定め、ⓕ計画修繕積立金等に関する事項、ⓖ通常の管理費用の額、ⓗ管理の委託先、ⓘ建物の維持修繕の実施状況の記録。

5 住宅ローンを組むときの注意点について知っておこう

ライフプランに合わせて返済計画を立てる

● どの金融機関でローンを組むかは金利だけで考えない

　住宅ローンは長期間の返済になることから、マンション購入時にきちんとした資金計画を立てることが大切です。

　住宅ローンの返済額は、借入金額、金利、返済期間の3つで決まります。この3つの要素を工夫し、少しでも毎月の返済額を少なくしたいところです。ただし毎月返済額だけにとらわれてもいけません。総返済額はいくらになるのかという視点も大事です。変動金利のローンや金利を固定している期間が短いローンを利用している場合は、金利が今後高くなっていくかもしれないという可能性などもふまえながら、毎月返済額と総返済額とを試算していくことが大切です。

　マンション購入後は住宅ローンの返済以外にも、固定資産税やマンション管理費などの住宅に関連する支出が発生します。購入後の事情もふまえて「借りられるローン」ではなく、自分の身の丈にあった「返せるローン」を考えていく必要があるといえます。

● どのくらいの年収が必要なのか

　民間金融機関の住宅ローンでは、返済が確実に行われるかを判断するために、安定した収入があるかどうかをチェックします。そのため年収や勤続年数に一定条件を設けています。これらの基準は金融機関によって異なりますが、年収については最低でも300万円以上や400万円以上というところが多いようです。

　フラット35（119ページ）の場合は年収の制限はとくにありません。かつては「毎月のご返済額の4倍以上の月収が必要」という条件があ

りましたが、現在ではこの条件はなくなりました。フラット35の年収に関する要件としては、年収に占める返済額の割合が、年収400万円未満の場合は30％以下、400万円以上の場合は35％以下、という条件のみとなります。たとえば年収が500万円の場合、35％は175万円となります。これを12で割ると約146,000円。毎月返済額が146,000円以内まで借りられるということになります。

　毎月返済額を146,000円とし、35年、4％で借りるとすると借り入れることができる金額は、約3300万円となります（元利均等返済の場合）。

　なお、現在の住宅ローンの金利水準は、日銀の異次元緩和などの影響を受け、かなり低くなっています。たとえば、平成28年1月現在において、返済期間21年以上、融資率9割以下のフラット35の金利は、1.54％～2.09％です。ただし、審査の際に用いる金利は実際の水準よりも高めのもので計算します。現在の審査金利は4％程度です。

■ 住宅ローンの返済比率

年収（100％）

当該住宅ローンの年間返済額
＋
他のローンの年間返済額

30％～40％

➡ 年収におけるローンの比率が30％～40％でないと融資を断られる可能性がある

● 返済額を少なくするポイントとは

　年収に問題がない場合でも、購入予定のマンションの状態によっては、住宅ローンを組むことができないという場合もあります。たとえば、専有面積が30㎡未満の狭いマンションは、居住目的で購入する場合であっても、誰かに貸す目的だと評価され、審査を通らない場合があります。また、マンションが違反建築物である場合も、ローンを組むのは難しいでしょう。

　こうした条件をクリアし、住宅ローンが組める場合は、返済額を少しでも減らす方法を検討しましょう。住宅ローンの返済額を決める要素は**借入金額**、**金利**、**返済期間**の３つです。借入金額は少なく、金利は低く、返済期間は短くすれば総返済額を少なくすることができます。

　「借入金額が少なければ総返済額も少なくなる」という点についてはとくに説明する必要もないでしょう。両親や祖父母から住宅取得資金について贈与を受ける場合には、平成27年１月１日から平成31年６月30日までの間であれば、一定の金額まで贈与税が非課税になるという制度もあります。こうした特例制度などを使って自己資金をできるだけ増やせないか検討してみましょう。返済額を少なくする要素の２つ目は金利です。変動金利や、固定金利選択型で固定期間が短いものは金利が低くなります。固定金利や固定期間選択型で固定期間が長いものは金利が高くなります。金利が低いものはそのまま低い状態が続くのであれば総返済額も少なくなりますが、返済途中に金利が上昇すると返済額が増えてしまうことも考えられます。つまり金利上昇リスクを負うことになるので注意が必要です。

● 返済期間を短くした場合のデメリット

　一番のデメリットは、毎月の返済額が多くなるということです。生活に十分な余裕のある人は問題ありませんが、そうでない人には、大きなリスクです。世界的な不況の影響で給料やボーナスが減ってしま

うことも全くあり得ない話ではありません。その場合、ローンの返済が滞ってしまう恐れもあるからです。民間の金融機関の場合、返済期間を短くすると、再度、長くすることは、まずできません。また、返済期間を延ばすための借り換えは、ほとんどの金融機関ではできません。したがって、もしものことを考えた場合、生活によほどの余裕がある場合を除いては、返済期間を短くすることはお勧めできません。

● ボーナス返済や退職金一括返済に期待しすぎない

「コントロールできないものをできるだけ減らす」というのがリスクに臨むときの正しい姿勢です。ローンの前提となる収入を考えるにあたり、ボーナスは会社の業績によって変動する可能性があります。場合によってはゼロになることも考えられます。住宅ローンの返済を考える際にはボーナスによる返済を当てにせず、できるだけ毎月の給与からの返済のみを考えるようにしたいものです。なお、住宅ローンにおけるボーナス返済分の割合はローンによって決められています。

また、退職金はできるだけ退職後の生活費として使うことを考えるとローンはできるだけ退職時までには返済し終え、退職金を当てにしない返済計画にするのが望ましいといえます。

■ 住宅価格における自己資産の割合

住宅価格の30％程度は自己資金として確保するのが理想

頭金	諸費用	
10%〜20%	2%〜10%	

◀······················ 住 宅 価 格 ······················▶

● 自己資金はどの程度必要なのか

　マンションを購入する際には全額を住宅ローンでまかなうのではなく、通常は頭金と諸費用として自己資金を用意しておく必要があります。頭金としては一般的に20％程度用意しておくのが理想とされています。また頭金以外にも、諸費用として10％程度を見積もっておく必要があります。したがって、マンション価格の30％程度は自己資金を確保しておくのがよいといえます。自己資金の割合が高いほど総返済額も少なくなるのが通常です（下表）。最近では頭金ゼロでも組めるローン商品も登場していますが、安易に利用するのは好ましいことではありません。頭金を増やして借入金額を減らしておくことで、もし返済が困難になったときでも対応しやすくなるからです。

　新築マンションの場合、購入直後に物件価格は2割程度下がるといわれています。もし頭金ゼロで購入し、何か突発的なできごとで物件を売却しなければならなくなったとしても、ローンの残高よりも物件価格の方が低くなってしまえば、その差額を現金で支払わなければ売却ができません。万が一のことを考えても、頭金はできるだけ多い方が安心だといえます。しかし、ムリに20％という数値にこだわる必要はありません。頭金の割合がいくらであろうと、幸せな住生活を送れるかどうかは結局ライフプランしだいともいえるからです。

■ 自己資金の違いによる総返済額の差

> 3000万円の物件を購入する場合で、住宅ローンは期間35年、金利3％、元利均等返済とする

自己資金	借入額	毎月返済額	総返済額
0	3000万円	115,455円	約4849万円
300万円（10%）	2700万円	103,909円	約4364万円
450万円（15%）	2550万円	98,136円	約4122万円
600万円（20%）	2400万円	92,364円	約3879万円

6 住宅購入時や購入後にかかる費用について知っておこう

購入後には、管理費、修繕積立金、固定資産税が必要

● その他必要になる諸費用

　マンションを取得する際には、保証料や手数料、印紙税や不動産取得税、司法書士に登記手続きを依頼した場合の報酬、金融機関に支払う事務手数料、火災保険料といったさまざまな費用がかかってきます。中古物件であればさらに仲介手数料なども必要になります。新築のマンションを購入する場合は、物件価格のおおよそ5％程度、中古マンションの場合はおおよそ8％程度が必要です。また、マイホームを購入した場合は、引越し費用も慎重に考えなければなりません。引越しの時間、曜日、季節を考えるのも大切です。引越しの費用なども合わせて、物件価格の10％程度は諸費用がかかると考えておくとよいでしょう。

● 銀行に支払う保証料や手数料について

　ローンを借りるにはさまざまな費用がかかってきます。金融機関が融資を行う際、お金が戻ってこないリスクを回避するために担保をとり、連帯保証人をつけるのが普通です。しかし住宅ローンの場合は借入をする人が個人であり、融資金額も大きいことから、連帯保証人をつける代わりに、保証会社の保証をつけることを条件としています。保証会社が保証人となるための費用が**保証料**です。

　保証料については、保証会社やローンの内容により金額が異なります。住宅ローン借入時に一括支払する方法と、住宅ローンの金利に上乗せ（通常0.2％程度）して金融機関に支払う方法があります。総支払額では一括支払いの方が安上がりですが、物件価格の2％程度が必要になることもあります。

第4章　購入物件を決めたら

また、住宅ローンを貸し出す金融機関に対し、事務手数料が必要になることがあります。一般的に3万円〜5万円程度ですが、融資金額の5％程度のところもあります。

● 司法書士に支払う手数料について

不動産を売買した時は、その不動産に関する権利（所有権や抵当権）を保護するため登記をする必要があります。

登記は自分でできればよいのですが、素人には難しいので専門家に頼むのが一般的です。その際は、当然、報酬が必要です。司法書士への報酬は話し合いで自由に決めることができます。銀行や不動産業者が司法書士を指定するのが一般的です。

● 手付金について知っておきたいこと

手付金とは契約成立の際、買主が売主に支払う金銭です。不動産業者が売主の場合、法律（宅地建物取引業法、以下「宅建業法」と言います）で「売買代金の2割まで」と上限が定められています。実際には物件価格の1割程度が一般的です。

解除ができるのは相手が契約の履行に着手する前までです。着手時とは、たとえば買主が内金（中間金）を支払った時、売主が登記や物件を引き渡した時、などです。しかし、あらかじめ**ローン特約**を締結しておけば、買主は解除をしても、支払った手付金を取り戻すことが可能です。ローン特約（「ローン条項」ともいう）とは、その特定のローンの承認が得られなかった場合に無条件で解除できる特約です。万一の場合に備えて、売買契約書に「ローン特約」が記載されているかどうかを確認しておくべきでしょう。

● 仲介手数料はどの程度かかるのか

中古マンションを購入する際には、仲介手数料がかかります。仲

介手数料は、不動産業者の仲介により住宅の売買が成立した時に、不動産業者に支払う金銭です。売主から直接購入する場合は不要です。最近では安く設定する業者もあります。不動産業者以外の者が、仲介手数料を請求することは違法です（宅建業法2条2項、3条1項）。

仲介手数料は、購入するマンションの価格が高くなるほど高額になっていきます。マンションは一般的に高額ですから、仲介手数料が100万円程度になることもあります。購入計画の早い段階で、金額をよく確認しておきましょう。

● 諸費用もすべてローンで対応する方法もあるにはある

マンションを購入する際には、直接の購入費用以外にもさまざまな費用がかかります。前述した費用以外にも、ローンを組む条件として火災保険や団体信用生命保険への加入を義務付けている金融機関もあり、その場合はこれにかかる保険料も加わってきます。また、マンションに欠陥が発見された場合に保証してもらえる瑕疵保険に加入しておけば、なお安心できます。マンションの購入には、このような登記費用や各種保険料、保証料などの諸費用が必要で、すべて合わせる

■ ローンを組む際に必要になる費用

必要な費用	注意点
印紙税	金銭消費貸借契約書に印紙を貼りつける
保証料	保証会社などから保証を受ける場合に必要になる
事務手数料	ローンの手続を行うにあたって金融機関等に支払う料金
抵当権設定登記費用	登録免許税および司法書士に支払う報酬
団体信用生命保険料	借主の死亡時などに残債務を保険金でまかなうための生命保険加入料。 民間ローンの場合、金利に含まれているのが一般的
火災保険料	火災保険への加入が義務付けられている

と、数百万円にのぼります。

　これらの経費は、自己資金から用意するのが普通ですが、最近では、銀行などを中心にこれらの諸費用を貸すローン商品も出ています。

　このローンを扱っている金融機関の多くが、貸出の上限が300～500万円、返済期間は住宅ローンの期間と同じになっているようです。

● マンションの場合、管理費や修繕積立金が必要

　マンションを入手した場合、考えなければならないのはローンの返済だけではありません。家を購入した後には、ローン以外にいろいろな費用がかかるからです。

　マンションを購入後に継続して発生する費用として管理費や修繕積立金、固定資産税があります。

　修繕積立金は、毎月、必ず管理組合に納めなければなりません。費用は、マンションによってまちまちですが、新築では修繕積立金と併せて2～3万円程度のようです。**管理費**とは、共用部分の電灯代や清掃代、エレベーターの保守管理費用といった、マンションの日頃の維持に必要なお金です。建物の所有者に課される固定資産税は、市区町村ごとに税率は違いますが、首都圏では毎年20万円程度かかることを覚悟しておく必要があります。

■ 住宅購入後にかかる費用

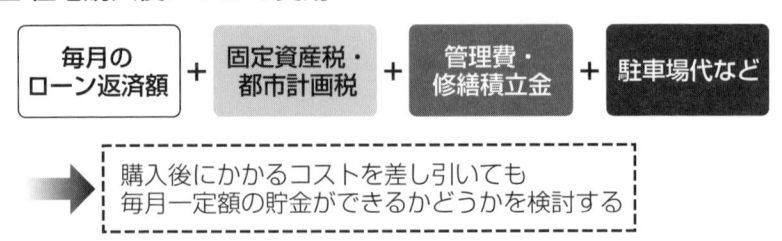

毎月の
ローン返済額 ＋ 固定資産税・都市計画税 ＋ 管理費・修繕積立金 ＋ 駐車場代など

➡ 購入後にかかるコストを差し引いても
毎月一定額の貯金ができるかどうかを検討する

7 フラット35その他のローンについて知っておこう

フラット35の金利・融資手数料は金融機関によって異なる

● 金融機関にはどんなものがあるのか

　住宅ローンには、民間の金融機関が扱う住宅ローン、住宅金融支援機構のフラット35、財形住宅融資、自治体融資、社内融資などがあります。住宅ローンを扱う民間の金融機関は、都市銀行、地方銀行、信託銀行、信用金庫、信用組合、ネット銀行、生命保険会社、損害保険会社、労働金庫、JA、モーゲージバンクなどがあります。平成6年に住宅ローン商品の自由化が行われて以降、それぞれの金融機関が独自の金利を設定するなど、さまざまな商品を出しています。

● フラット35のしくみ

　現在、住宅ローンの主流になっているのが2003年に登場した**フラット35（買取型）**です。住宅金融支援機構と民間金融機関が提携して誕生した長期固定金利型の住宅ローンで、銀行や保険会社、モーゲージバンクなど民間金融会社から借りることができます。

　フラット35（買取型）は、実は非常に複雑なしくみの住宅ローンなのですが、平たく言うと、民間金融機関が融資する住宅ローン債権を住宅金融支援機構が買い取り、それを証券化（住宅ローン担保証券という債券）して投資家に転売するというものです。そのため「証券化ローン」とも呼ばれています。

　フラット35（買取型）に加え、2007年以降、住宅ローン債権を住宅支援機構に売却せず、民間金融機関が自ら証券化し、投資家に販売する「保証型」もありますが、「保証型」を取り扱っている金融機関はそれほど多くありません。

フラット35を利用する際に注意したいのは、フラット35は扱う金融機関によって金利が異なってくるという点です。フラット35の金利のうち、取扱金融機関の手数料はそれぞれの金融機関が独自に設定するため、金融機関ごとに金利が異なるわけです。

　また、金利だけでなく、融資手数料についても異なっています。これも金融機関が独自に設定します。フラット35を積極的に扱っていこうという金融機関は金利も低く設定するはずですし、融資手数料も低く設定してくるでしょう。なお、融資手数料は同じ金融機関でもインターネットバンキング経由であれば安くなるという場合もあります。

　各金融機関によって融資実行日が異なってくる点も注意が必要です。どの金融機関でフラット35を利用するかは金利や融資手数料、融資実行日などを総合的にチェックする必要があるといえます。

■ 住宅ローンの種類

	融資の種類	内容など
公的融資	財形住宅融資	1年以上財形貯蓄を続けている会社員や公務員が対象。融資額は大きいが金利は変動型（5年間固定型）。
	自治体融資	都道府県や市区町村によって異なる。直接融資、融資あっせん、利子補給の3種類がある。
民間融資	銀行の融資	金融機関によってさまざまな種類や内容のローンがある。公的融資よりも物件についての審査条件が緩やかな一方、返済能力などの審査条件は厳しい。低金利化している。
	労働金庫（ろうきん）の融資	労働組合に加入していることが条件。それ以外は銀行系のローンとほぼ同じ。
	保険会社（生保、損保）の融資	不動産業者、建設会社、ハウスメーカーなどが、金融機関と提携して保険契約者にローンをあっせんする。直接保険会社が貸すことはまれ。
	社内融資	勤務先の企業に社内融資制度があれば、他の民間の融資機関よりも有利な条件で借りられることもある。

■ フラット35（買取型）の概要 ……………………………………

利用できる人の おもな条件	・申込時に満70歳未満の人（親子リレー返済を利用する場合は、70歳以上の人も可） ・他のローンと合わせた総返済負担率が次の基準を満たすこと 　年収400万円未満：30％以下 　　　400万円以上：35％以下
使いみち	本人または親族が住むための新築・中古物件に対する購入資金 ・借換えでの利用も可能 ・リフォーム資金には利用不可
住宅についての おもな要件	・住宅の床面積が70㎡以上（一戸建て）または30㎡以上（マンションなど）・耐久性・耐火性などについて、一定の技術基準に適合する住宅
借入可能額	建設費または購入費の全額（上限8000万円）
返済期間	・15年以上35年以内（1年単位で設定可） ・申込者または連帯債務者が60歳以上の場合は10年以上必要 ・80歳までの完済が条件
金利タイプ	全期間固定金利型。借入期間（20年以下・21年以上）、融資率（9割以下・9割超）により金利が異なる。金利は金融機関により異なる
返済方法	元利均等返済・元金均等返済（いずれも毎月払い）
保証料・保証人	不要
団体信用生命 保険	任意加入（加入する場合、機構団体信用生命保険特約制度に加入する）
火災保険	申込者の負担で加入
抵当権	住宅・土地に住宅金融支援機構が一番抵当権を設定
（契約時の） 融資手数料	窓口となる金融機関によって異なる
繰上返済	・一部繰上返済を行う場合の返済金額は100万円以上（インターネットサービスを利用する場合は10万円以上） ・繰上返済手数料は不要

8 申込みまでの流れをおさえておこう

売買契約を結んでから、ローンを申し込む

● 手続きの流れはどうなっているのか

　申込みは、購入物件の売買契約が成立してから行います。

　売買契約には仲介した不動産業者から宅地建物取引士が立ち会い、重要事項（移転登記の申請の時期や違約金の定めなど）を説明します。その後、売買契約書、重要事項説明書の2つの書類に署名押印し、手付金を売主に支払います。売主は領収書を発行しますので、買主は受け取ります。これで、売買契約が成立します。

　売買契約が成立すると、いよいよ、ローンを組もうと思った金融機関に住宅ローンを申し込みます。審査期間は1～3週間程度です。金融機関の事前審査に通っていれば、さらに書類を追加提出して本審査に移ります。

　事前審査とは、購入申込書を提出した後、売買契約を結ぶ前に受ける審査で、購入者の年収や年齢等の情報を考慮して判断します。事前審査には、おおよそ1～2週間程度要するのが一般的です。この事前審査によって、売買契約を締結する前に、実際に借りることのできる住宅ローンの金額を金融機関に確認することができます。

　住宅ローンの審査の上では、本審査は受ける必要がありますが、事前審査は必須ではありません。しかし、事前審査に通っていることは住宅ローンを組めることの証明になりますので、不動産業者とマンションの価格を交渉する上で有利に働きます。購入者がマンションを買う能力があることについて、事前審査が説得力を持たせるためです。

　また、事前審査を受けていないと、せっかく手間をかけて条件の整ったマンションを見つけたとしても、本審査に通らないために購入

を諦めなければならないという事態が生じることもあり得ます。このような場合、ローン特約の条項があれば、売買契約自体は白紙解除されることになりますが、マンションを買う側にとっても、売る側にとっても、こうした事態が生じることにメリットはありません。ローンを組む予定であれば、事前審査は受けておくべきでしょう。

● どんな書類が必要になるのか

ローンの申請に必要な書類は次の通りです。

・**ローンの申込書**

ローンを組む金融機関から調達します。

・**本人を確認できる書類**

免許証やパスポートのコピーを用意します。

・**収入証明に関する書類**

勤務先、役所、税務署などから取り寄せます。

・**勤続年数の確認できる書類**

健康保険証などです。

■ 住宅ローンの申込みの流れ

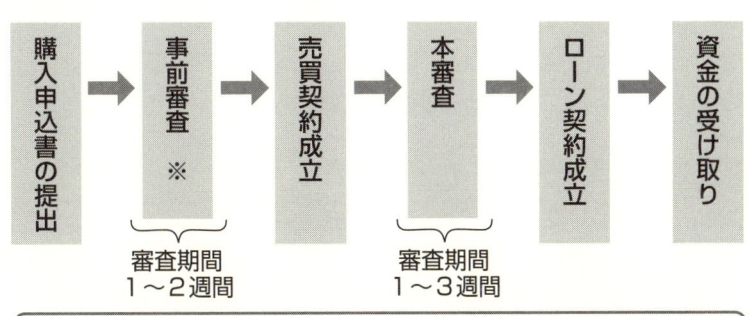

購入申込書の提出 → 事前審査※ → 売買契約成立 → 本審査 → ローン契約成立 → 資金の受け取り

審査期間 1～2週間（事前審査）
審査期間 1～3週間（本審査）

※**事前審査**：年収や年齢等からローンを組めるかどうかを判断する。あらかじめローンを組めることを証明できるため、売買契約時の交渉が有利になる。

・物件に関する資料
　売買契約書や重要事項説明書のコピーなどです。
・他のローンに関する資料
　カードローン、自動車ローンなど、他にローンがある場合は、その返済計画書、明細書などのコピーが必要です。
・印鑑証明書、家族全員の住民票など
　フラット35を活用する場合は、これらの書類の他、「適合証明書」（購入するマンションがフラット35を扱っている住宅金融支援機構の技術適合基準に適合していることを証明する書類）が必要です。

◉ 収入証明に関する書類にはどんなものがある

　会社員などの給与所得者の場合、必要なのは、「源泉徴収票」と、役所が発行する「住民税決定通知書」（または住民税課税証明書）の2つです。源泉徴収票は、勤務先から過去1年間にいくらの給与が支払われたかを記載した書類です。勤務先から毎年年末または翌年1月に必ずもらえます。「住民税決定通知書」は毎年6月に勤務先から交付されるのが一般的です。「住民税課税証明書」は市区町村の役所で入手できます。自営業者の場合は、確定申告書の控えと税務署の発行する納税証明書などが必要です。会社役員の場合は、住民税決定通知書（または住民税課税証明書）などに加え、会社の決算書の写しや法人税納税証明書、法人事業税納税証明書が必要になります。

◉ 収入証明の入手先とポイント

　収入証明でチェックされるのは、安定収入がどの程度見込めるか、という点です。給与所得者でも、給与を2か所以上の会社から受け取っている場合などは、安定収入部分がどの程度なのかがチェックされます。自営業者の場合は、提出した確定申告書の控えをもとに過去3年間の収入がチェックされるというのが一般的です。

9 住宅ローンの審査について知っておこう

貸したお金が返済されるかどうかを調べるというのが根本

● 銀行の審査が通らない場合とは

　銀行の審査とは、貸したお金が確実に返ってくるかどうかということを見極める作業のことです。したがって、提出した書類についても、「安定した収入があるかどうか」「安定収入のうちからどの程度の金額を毎月の返済に回せるか」といったことを重点的に審査します。

　審査を通りやすくするには、きちんと、約束どおりに返済できることを金融機関側に納得させることが必要です。

　金融機関を納得させるには、返済できるという客観的な証拠を見せることになります。

　たとえば、毎月いくら程度の収入が今後も安定して得られるといったことや、ローンを組んだ後の生活設計などを説明するとよいでしょう。妻の収入と合算してローンを組む場合は、妻に出産や子育てなどがあっても、安定した収入を得られ続けることを説明します。

　フルタイムで働いている場合は、フルタイムで働けなくなったことを想定し、週に3～4日程度しか働けなくなっても、「これだけの安定収入は見込めます」といった収入予想額の提示についても準備しておくのがよいでしょう。

● 配偶者の収入を合算することもできる

　債務者は夫であるが、夫の収入と配偶者である妻の収入を合算して住宅ローンを申し込むことができます。合算できるのは、妻の収入もある程度安定していることが条件です。つまり、妻も社員やパートとして勤務している場合ということになります。

合算してローンを申し込む場合、注意点が1つあります。妻の収入のうち一定割合しか、ローンに合算できない場合があるということです。妻の年収の半分までしか合算できない場合もあれば、夫の年収の何割かしか合算できない場合もあり、金融機関によって条件はさまざまです。一方で、妻の年収全額を合算できるという金融機関もあります。合算でローンを組む場合は、合算の条件を確認する必要があります。また、合算する場合、「妻が最近勤め始めた」という場合でも、審査に応じてもらえる金融機関もあります。提出する書類は、給与明細書です。

● 夫婦が共稼ぎであれば別々にローンを組むこともできる

夫婦が共働きの場合は、夫婦2人が別々に住宅ローンを組むこともできます。ともに正社員として一定の安定収入がある場合などです。

たとえば、4000万円の住宅ローンでは、夫2000万円、妻2000万円といったようにローンをそれぞれ組むことができます。

このようにすることによって、夫婦それぞれが住宅ローン控除（136ページ）を受けることができるようになります。夫だけが4000万円のローンを組む場合よりも高い減税効果が得られる場合もあります。

気をつけなければならないことは、購入物件の所有権を夫婦の負った債務と同じ割合に分けるということです。2人で別々にローンを組んでも、購入する物件は1件です。頭金がゼロで2000万円ずつのローンであれば、所有権も半分ずつという登記をしないと、税務上、問題が発生します。

たとえば、2000万円ずつのローンで、夫3分の2に対して妻が3分の1の割合で所有権の登記をすると、本来2分の1ずつのはずの所有権の一部（この場合は、2分の1－3分の1＝6分の1の所有権）が妻から夫に贈与されたとみなされ、贈与税がかかってしまいます。

10 住宅ローンを組むと抵当権が設定される

ローンを組む際には慎重にする

● 住宅ローンは金銭消費貸借契約にあたる

　住宅ローンを組むにあたって、金融機関と利用者の間では、民法587条に規定されている消費貸借の契約が締結されることになります。住宅ローンの場合は金銭を貸借するため、**金銭消費貸借契約**と呼ばれています。この金銭消費貸借契約は、自動車ローンや教育ローンといった銀行など他の金融商品でも、消費者金融のキャッシングでも同様に締結されるものです。

　住宅ローンには、利息が発生します。その利率は金融機関と契約者の同意の下に決定されるわけですが、利息制限法に定められた上限を超える利率（下図）については無効になります。

　また、住宅ローンでは多くの場合、数百万円から数千万円という大金の貸付が行われます。このため、金融機関側では確実に返済を受けられるよう、担保をつけたり、連帯保証人を立てるといった対策をしています。

　購入する不動産を担保にする場合、民法369条以下で規定されている抵当権が設定されます。この内容は、不動産の登記に反映されます。

　抵当権はローンを組むと必ず設定されるもので、さらには、抵当

■ 利息制限法で定められた上限金利

- ◆元本が10万円未満の場合は、年利20％まで
- ◆元本が10万円以上100万円未満の場合は、年利18％まで
- ◆元本が100万円以上の場合は、年利15％まで

権設定契約をもとに抵当権設定の登記がされることになります。

● 抵当権とは何か

　抵当権とは、貸金などの債権を担保するために、債務者（または第三者）の土地や建物に設定される権利です。債務者が債務を返済しない場合には、抵当権者（＝債権者）は、抵当権設定者（＝債務者または第三者）の土地・建物を競売し、その売却代金から債権の回収を図ります。つまり、借主がローンを払えない場合には該当する不動産を担保として取り上げることのできる権利です。つまり、マイホームとはいっても住宅ローンをすべて返済し終わるまでは自分のものであって自分のものでないようなものなのです。

　抵当権には、抵当権設定後も設定者が従来どおりに目的物を使用・収益することができるという利点があります。抵当権は、担保としての機能が優れているので、取引において最もよく利用されています。

● 抵当権を設定するには

　抵当権は、貸金債権などを担保するために設定されます。抵当権によって担保される債権のことを被担保債権といいます。

　たとえば、AがBに5000万円の貸金債権を持っていたとします。これについて、B所有の土地や建物に抵当権を設定するには、AとBが抵当権設定契約を締結して、抵当権の登記をします。その結果Aは5000万円を被担保債権とする抵当権をBに対してもつことになります。

　この場合、Bが5000万円を弁済したのであれば、Aがもっていた抵当権は消滅します。以上が、原則的な抵当権の設定手順です。

● 抵当権の登記とは

　抵当権を設定する契約を結ぶと、通常、抵当権の登記がなされます。登記をすると、不動産登記簿という法務局にある公簿に登記をしたこ

との記録がなされます。**登記簿**とは、不動産の権利関係を示した公簿のことです。登記簿を見ることで、その不動産にどのような権利が設定されているのかがわかります。また、登記簿に登記されることで、不動産に権利を設定したものは、その権利を主張することができます。

不動産登記簿は、表題部と権利部があり、権利部は甲区と乙区に分かれています。**表題部**は、不動産の物理的な状況を表示する部分です。土地や建物の所在や面積などが記録されています。権利部の甲区は、所有権に関する事項を記録する部分です。**権利部**の乙区は、不動産の所有権以外の権利についての事項が記録される部分です。抵当権が設定されると、この乙区に記録がなされます。

具体的には、甲区欄にはマイホームの所有者、つまり住宅ローンの借主の名前が記載されます。そして乙区欄には担保権の内容、つまり住宅ローンを借りた金融機関が抵当権を設定した旨が記載されます。

■ **抵当権のしくみ**

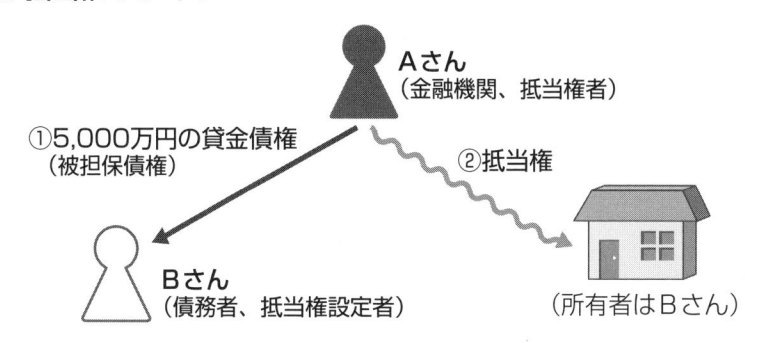

Aさん（金融機関、抵当権者）
①5,000万円の貸金債権（被担保債権）
②抵当権
Bさん（債務者、抵当権設定者）
（所有者はBさん）

AさんはBさんと①住宅ローン契約（金銭消費貸借契約）と②抵当権設定契約を結ぶ。Aさんを「抵当権者」、Bさんを「抵当権設定者」、5,000万円の住宅ローン債権を「被担保債権」という。

11 保証会社と代位弁済について知っておこう

保証会社の抵当権が設定される

◉ どのようなしくみになっているのか

　一言でいえば「有料であなたの連帯保証人になる会社」です。お金を借りる時は、金融機関は通常、**連帯保証人**を求めます。連帯保証人は、お金を借りる人（債務者）の返済が滞ると、代わりに返済します。保証料の支払いと引き換えにこの重い責任を負うのが**保証会社**です。

　代わりに返済してくれるなら、債務者にとってこの上ないことです。ところがそんな都合のよい話があるわけはありません。債務者が金融機関に返済する義務は、保証会社の支払いにより消滅しますが、債務者は、保証会社が立て替えて支払った分を保証会社に返済することになります（民法459条1項、500条）。

　通常、保証会社は一括返済を債務者に請求しますが、金融機関への支払いが滞ってしまう債務者ですから、保証会社への支払いも困難というのが現実です。そこで債務者は、任意売却や競売により、住宅を手放して保証会社に返済します。売却価格がローン残高に届かなければ、自己破産することもあります。

　保証会社は、金融機関が貸し倒れを回避するため、資金を貸し出す金融機関側にとっての保険として機能しているのです。

◉ 保証会社は借主の立場を守ってくれるわけではない

　保証料は各金融機関によって若干の違いがありますが、返済期間が35年の場合であれば100万円あたり2万円強が相場というところです。ですから、たとえば3500万円のローンを組んだ場合、保証料は70万円強ということになります。この保証料はローンの借主が負担しな

ければなりません。ローンを組んで住宅を購入する際にはこの保証料や手数料といったものがいろいろかかってくることを頭に入れておかなければなりません。

保証会社は借主が月々の返済額を返せないような場合に保証をしてくれるわけですが、保証会社はあくまでも銀行に対して不払い分の保証をするだけで、借主の立場を守ってくれるわけではありません。

債務者がローンを支払えない場合、保証会社が、債務者に代わって、金融機関に債務を返済します。債務者に代わって返済をした保証会社は、債権者である銀行に代わって、債務者に債務の返済を求めることができます（求償権）。つまり、保証会社に、金融機関が債務者に対して持っていた権利が移転することになります。このことを**代位弁済**といいます。

つまり、金融機関から保証会社に移動した債務を借主は返済し続けなければならないわけです。この返済ができない場合には、保証会社が担保にしていた住宅を競売にかけることになります。

保証会社を立てたからといって借主の負担が減るわけでも、借主に対して何らかの保証をしてくれるわけでもないので、保証料は実質的にはローンの手数料であると考えた方がわかりやすいかもしれません。

なお、住宅ローンに保証会社がついている場合、通常、その住宅ローンを担保するための抵当権の抵当権者は、お金を貸した金融機関ではなく、保証会社です。これは、次のような理由によるものです。

住宅ローンに保証会社がついていて、お金を貸した金融機関が抵当権者になっていた場合、金融機関が保証会社から代位弁済を受けると、債権者は金融機関ではなく、保証会社となり、同時に抵当権者も保証会社となります。保証会社の代位弁済後も債務者が住宅ローンの残額を支払わない場合、保証会社は担保物権の競売の申立てをすることになりますが、この場合、登記簿上、抵当権者は金融機関となっているので、抵当権を保証会社に移転する登記をして、それから競売を

申し立てなければなりません。

　抵当権移転の登記には、それなりの費用と手間がかかります。住宅ローンに保証会社がついている場合、競売をするのは、債権が金融機関から保証会社に移転してからということになりますので、そこで最初から金融機関ではなく、保証会社を抵当権者とした登記がされているのです。

● どの程度の金額を支払うのか

　保証料は、保証ごとに異なりますが、金融機関は自社で指定する保証会社を利用するため、ローンを借りる人が自由に保証会社を選ぶというわけにはいきません。保証料は一般的に返済期間が長いほど高くなります。

　保証料は結構高く、3500万円のローンを35年借りると、70万円程度になります。最近は、保証料がかからない住宅ローンも登場しています。しかし、保証料などの諸費用と住宅ローンの返済額を合わせた支払総額を考えてみますと、一概に保証料が無料の住宅ローンの方が得とはいえなくなります。よく考えてみてください。保証料はたしかに70万円と、それだけを見れば、結構な金額になりますが、住宅ローンの返済総額という観点に立てば、70万円というお金を浮かせることなど、重箱の隅をつつくような話という見方もできます。ほんの少し金利が上昇しただけで、70万円以上の追加の金利負担が発生することになるからです。

　金利と返済期間、借入金額から導かれる総返済額と、保証料、その他の融資手数料や団体信用生命保険などの手数料といったさまざまな費用を含めた、総支払額という観点から有利不利を考えていくことが必要です。

12 住宅ローンに関する税金について知っておこう

購入時にも、購入後にも、いろいろな税金がかかる

● 購入時にはどんな税金がかかるのか

　住宅を購入したときには、さまざまな税金がかかります。不動産取得税、登録免許税、印紙税などです。不動産取得税は、文字どおり、住宅を取得したことに対する課税で地方税です。登録免許税は、取得した住宅を登記する際にかかる国税です。印紙税は売買契約書や、住宅ローンの契約書（金銭消費貸借契約書）にかかる国税です。

　不動産取得税は、固定資産税評価額の3％を都道府県に納めます。ただ、平成27年時点では、新築物件の場合、特例として床面積が50〜240㎡であれば、課税標準額から最大1200万円まで控除が認められます。この特例により、不動産取得税を払わなくてすむ人が多くなっています。

　登録免許税は、不動産、船舶、会社、人の資格などについて、公にその証明をするために必要な登記、登録、特許、免許、許可、認可、指定および技能証明を行うときに課税される国税のひとつです。

　たとえば、土地や建物を購入して登記をする場合には、登録免許税がかかります。住宅ローンの設定など、融資を受ける場合には、不動産を担保に提供して抵当権の設定登記を行いますが、そのときにも登録免許税が課税されます。

　なお、登録免許税には軽減措置があります。たとえば、平成28年3月までに、耐久性、耐震性、省エネ性能などの点で一定の基準を満たした認定長期優良住宅について、所有権の保存登記・移転登記を行う場合には、登録免許税が0.1％に減額されます。

　印紙税とは文書にかかる税金です（104ページ）。たとえば、契約

第4章　購入物件を決めたら　133

金額が3000万円の住宅ローンの設定契約書には2万円の収入印紙を貼らなければなりません（印紙の貼り忘れが発覚すると、印紙代の3倍の過怠税が徴収されます）。

◉ 購入後にはどんな税金がかかるのか

　住宅を購入した後にかかる税金には、固定資産税、都市計画税があります。これは、家を手放すまで、毎年かかる税金です。

　固定資産税は、住宅や土地を持っていることに対して課せられる税金です。市町村に納めます。課税額は、課税標準額の1.4％となっていますが、市町村の判断でこれを上回る税率を設定することも許されています。また、住宅取得の促進策として、新築のマンションの場合、5年間は課税額を半額にする軽減措置があります。

　住宅を他の人から購入した年の固定資産税は、買主と売主が日割で負担します。ただ、固定資産税は、その年の1月1日現在の所有者が1年分を納付する決まりになっています。そこで、実際は、買主は住宅の所有権が移った日からその年の12月31日までの固定資産税相当額を売主に支払うことになります。

　都市計画税は、地方税法に基づいて、市町村が都市計画区域内の建物や土地の所有者に課すことができる税金です。課税標準額の0.3％が課税されます。都市計画区域内でなければ、課税されないのですが、都市計画区域は、ほとんどすべての自治体で導入されています。なお、東京23区では、東京都が課税します。

◉ 消費税アップの影響を受けるのか

　平成29年4月からは、消費税が8％から10％に増税されます。マンションなどの住宅を購入する場合にも、消費税はかかります。何千万円という非常に高額な買い物になりますので、消費税額も高額になります。マンションの購入を検討している人の多くが、「増税前に購入を

決めてしまう方がよいだろう」と考えているのではないでしょうか。

　しかし、気をつけなければならないのは、マンションなどの住宅の価格は、需要によって大きく左右されるという点です。消費税増税前には、駆け込みで住宅を購入する人が増えるため、一時的に需要が高まり、住宅価格が高騰します。そして、増税後にはその反動を受け、住宅価格が下落することが予想されるのです。消費税込みの価格で考えた場合、増税後に購入する方が、かえってお得であることも少なくないのです。したがって、増税前に焦ってマンションを購入することは、必ずしも得策とはいえないでしょう。

　また、同じマンションの購入であっても消費税アップの影響を受けない場合があります。それは、個人の売主から中古のマンションを購入するケースです。そもそも個人からマンションを購入する場合、消費税の課税対象となるのは仲介手数料等のみで、マンション自体の価格には消費税がかかりません。そのため、個人が売主となっている中古マンションに関しては、消費税アップの影響は受けないものといえます。一方、不動産会社から購入する中古マンションについては消費税が課税されます。一口に中古マンションといっても、個人が販売しているかどうかで消費税の扱いが異なりますので、この点を留意してマンションの購入を検討するとよいでしょう。

■ 住宅の購入時、購入後にかかる税金

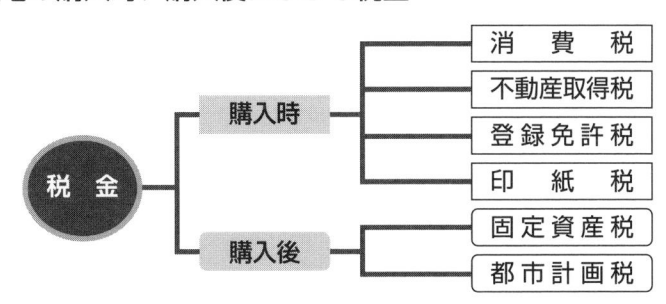

```
                    ┌─ 消費税
                    ├─ 不動産取得税
         ┌─ 購入時 ─┤
         │          ├─ 登録免許税
　税金 ──┤          └─ 印紙税
         │
         │          ┌─ 固定資産税
         └─ 購入後 ─┤
                    └─ 都市計画税
```

第4章　購入物件を決めたら

13 住宅ローン控除とはどのようなものなのか

最大で10年間にわたり、毎年40万円の税金が戻ってくる（平成27年入居）

● 住宅ローン控除とは

　住宅ローン控除とは、住宅ローンの残額に応じて、所得税、住民税を控除する制度で、住宅取得を促進するための制度です。具体的には、平成31年6月30日までに入居した場合に10年間、住宅ローンの年末の残額の1％が所得から控除されます。平成24年までに入居した場合は3000万円まで、平成26年までに入居した場合は2000万円まで、平成31年6月30日までに入居した場合は4000万円までのローンに適用されることになっています。控除の上限は、その年の所得税額となっています。

　さらに、この制度は、住宅のリフォームなどでも利用することができます。控除を受けるには、住宅、年収、ローンについてさまざまな条件を満たす必要があります。

　住宅については、①床面積が50㎡以上であること、②中古のマンションの場合は築後25年以内であること、または一定の要件を満たした耐震住宅であること、③増改築した場合には工事費用が100万円以上であること、④店舗併用住宅の場合には床面積の半分以上が居住用になっていること、などが条件となっています。

　年収、ローンの内容に関する条件は、以下のようになります。

① 返済期間が10年以上であること
② 自分が住むための住宅取得であること
③ 合計所得金額が3000万円以下であること
④ 生活をともにしている親族などから購入した物件ではないこと
⑤ 物件を取得してから6か月以内に住み始め、控除を受ける年の年

末に実際に居住していること

● どんなメリットがあるのか

たとえば、平成27年中に入居した人のケースでは、年末のローン残高4000万円まで住宅ローン控除を利用することができます。10年間、最大で毎年40万円の所得控除が受けられます（消費税が課されない個人間の売買の場合は、所得控除を受けられるのは毎年20万円までとなります）。つまり、合計で最大400万円の所得税の支払いをせずにすむことになります。

また、認定長期優良住宅（133ページ）に平成27年中に入居した場合には、毎年50万円（10年間で合計500万円）まで住宅ローン控除を利用することができますので、さらにメリットが大きいといえるでしょう。

なお、住宅ローン控除は、一定の改修工事を行う場合にも適用を受けることができます。一定の場合とは、高齢者や障害者が住みやすい環境を整えるためのバリアフリー改修や、窓・床・天井などの断熱性を高めるための省エネ改修のことをいいます。平成27年中にこれらの改修を行った場合には、毎年5万円（5年間で合計25万円）まで所得控除を受けることができます。

住宅ローン控除については、現在のところ平成31年6月30日までに

■ 住宅ローン控除のしくみ

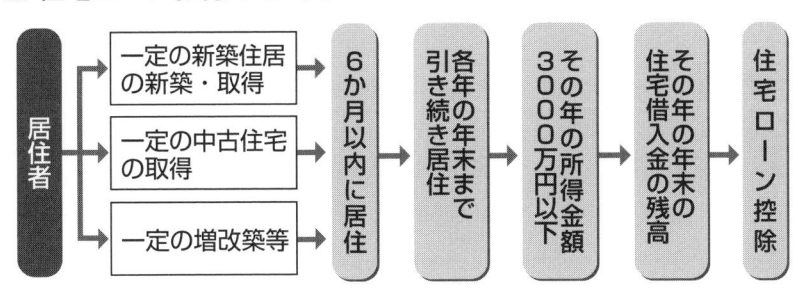

居住者 → 一定の新築住居の新築・取得／一定の中古住宅の取得／一定の増改築等 → 6か月以内に居住 → 各年の年末まで引き続き居住 → その年の所得金額3000万円以下 → その年の年末の住宅借入金の残高 → 住宅ローン控除

入居する場合を対象にしていますが、平成31年7月以降も同様の制度が続く可能性はあるので、税制改正には注意しておくのがよいでしょう。

● どんな手続きが必要なのか

　住宅ローン控除を受けるには、確定申告をする必要があります。会社勤務の人の場合も、初年度だけは、確定申告する必要があります。申告は、入居した翌年の確定申告期間（2月16日〜3月15日）までの間に行わなければなりません。

　申告時に必要な書類は、自分であらかじめ用意しておくものとしては、売買契約書、土地・建物の登記事項証明書、住民票の写し、源泉徴収票（会社に勤務している人の場合）、住宅ローンの年末残高証明書があります。その他、税務署にある書類として、確定申告書と住宅借入金等特別控除額の計算明細書があります。確定申告書と住宅借入金等特別控除額の計算明細書は申告前に入手し、必要事項を記入しておきましょう。

　これらの書類がすべてそろったら、税務署に申告に行きます。ただし、現在は、国税庁のホームページを通じて、インターネットで申

■ 住宅ローン控除制度の概要

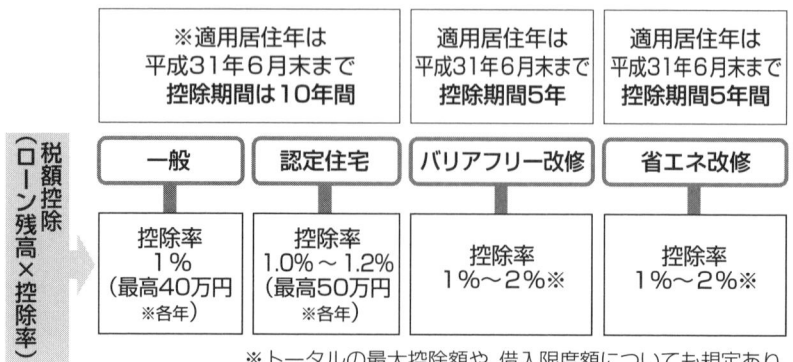

税額控除（ローン残高×控除率）

	適用居住年は平成31年6月末まで ※控除期間は10年間	適用居住年は平成31年6月末まで 控除期間5年	適用居住年は平成31年6月末まで 控除期間5年間
	一般 / 認定住宅	バリアフリー改修	省エネ改修
控除率	一般：1%（最高40万円）※各年 認定住宅：1.0%〜1.2%（最高50万円）※各年	1%〜2%※	1%〜2%※

※トータルの最大控除額や、借入限度額についても規定あり

告できるようにもなりました。税務署まで出かける手間がかかりませんから、活用を検討してみるのもよいでしょう。

◉ 住民税からも住宅ローンが一部控除される

　住宅ローン控除は、住民税も控除の対象になります。ローンの控除額が所得税を上回ってしまった場合です。この場合、所得税では控除できなかった部分が住民税から控除されます。

　ただし、住民税の控除にも上限が設けられています。所得税の課税所得×7％までで、最大13万6500円までとなっています。

　源泉徴収票があれば、誰でも簡単に減税額を計算できますので、一度、計算してみてはいかがでしょうか。

■ 住宅ローン控除の条件

	注意点
ローン	・返済期間が10年以上のローンであること ・自分が住むための住宅の購入や新築であること ・工事費100万円以上の大規模な修繕・増改築、マンションのリフォームであること
入居者	・住宅を取得してから6か月の間に入居していること ・入居した年の前後2年間に3000万円の特別控除の特例や特定の居住用財産の買い替え特例を受けていないこと ・その年の合計所得金額が3000万円以下であること
住宅	・登記簿上の床面積が50㎡であること ・中古マンションの場合、築25年以内の建物、または一定の耐震基準を満たす建物であること
必要書類	・売買契約書や請負契約書　・土地や建物の登記事項証明書 ・住民票の写し　・源泉徴収票（給与所得者の場合） ・ローンの年末残高証明書　・確定申告書 ・住宅借入金等特別控除額の計算明細書

14 親から贈与を受ける場合に気をつけること

相続時精算課税制度の利用も検討してみる

● 贈与がいくらまでなら非課税なのか

　親から援助を受けてマンションを購入する人もいると思います。その時には、親から住宅購入資金の贈与を受けたり、お金を借りたりすることになります。**贈与**とは、当事者の一方が自分の財産を無償で相手方に与えることです。

　贈与を受けた場合は、**贈与税**の問題があります。普通、基礎控除として、年間110万円までであれば、贈与税がかかりませんが、それ以上の金額になると課税されます。

　しかし、経済の活性化のためには、高齢者が持っている資金を子どもたちが使えるようにした方がよいことから、親から子どもへの資金贈与について、**相続時精算課税制度**という課税の優遇措置が設けられています。住宅資金の贈与についても、この優遇措置を利用できます。

　相続時精算課税制度は、60歳以上の親から20歳以上の子どもに贈与する場合、2500万円までは贈与した時点では贈与税を課税しないという制度です。相続時精算課税制度を活用する場合、本来であれば、60歳以上の親からの贈与である必要がありますが、住宅資金の贈与の場合には親の年齢は考慮されず、60歳未満の親からの贈与であっても相続時精算課税制度の適用を受けることができます。

　さらに、直系尊属からの住宅取得資金の贈与については、贈与年度に応じて非課税枠が設けられています。たとえば、親から住宅取得資金の贈与を受け、平成27年に省エネ等マンションの取得にかかる契約を締結した場合、非課税枠は1500万円となります。この住宅取得資金に関する特例と、相続時精算課税制度の2500万円は併用が認められ

るので、4000万円まで非課税の恩恵が受けられるのです。

　相続時精算課税制度では、2500万円までは贈与税はかかりませんが、代わりに相続時精算課税を適用した贈与者が死亡した時点で遺産の相続分と合わせて相続税が徴収されます。相続税には基礎控除があります。基礎控除は600万円×法定相続人の人数＋3000万円ですから、その金額の範囲内であれば、相続税はかからないことになります。

● 非課税の特例を受けるための要件は

　相続時精算課税制度や、直系尊属からの住宅資金の贈与非課税特例の適用を受けるためには、一定のマンションの要件を満たす必要があります。マンションの床面積が50㎡以上で50％以上が居住用であること、中古物件では、鉄筋コンクリート造りであれば築25年以内であること、または、新耐震基準に適合していることなどが必要です。

　また、贈与を受けた年の翌年の確定申告期間に贈与税の申告書を税務署に提出しなければなりません。たくさんの書類が必要ですので、税理士や税務署に確認して、提出資料に漏れがないようにしましょう。

■ 住宅取得等資金贈与の非課税制度の概要

贈与者（受贈者の直系尊属） ― 住宅取得等資金の贈与 → 受贈者（・20歳以上の者 ・合計所得金額2000万円以下）

平成27年　住宅資金の贈与に係る贈与税の非課税枠（消費税率8％）
耐震性・省エネ性を備えたマンション　⇒　1500万円
一般的なマンション　⇒　1000万円

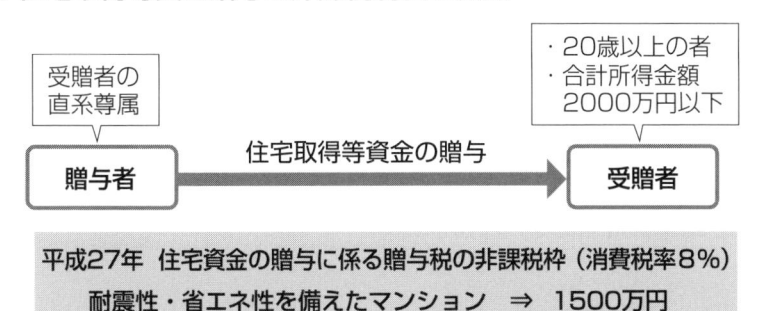

※暦年課税適用者と相続時精算課税適用者の双方が利用可能

● 相続時精算課税制度を利用するには

　直系尊属からの住宅取得資金の贈与については、非課税枠が設けられています。この非課税枠に、贈与税の基礎控除110万円を加えた金額までを非課税としたいのであれば、通常の贈与税の申告で納税することになります。

　通常の贈与税の申告と相続時精算課税制度の選択については、将来の相続税のことを考えると、相続時精算課税制度の活用が必ずしも有利になるとは限らないので、税理士に相談することが必要です。

　なお、住宅取得資金の贈与を受けた場合の非課税特例については、以下のように定められています。

① マンションが省エネルギー性・耐震性を備えている場合

　平成27年12月までに住宅取得等資金の贈与を受けた場合は1500万円、平成28年から平成29年9月までに住宅取得等資金の贈与を受けた場合には1200万円、平成29年10月から平成30年9月までに住宅取得等資金の贈与を受けた場合には1000万円まで、平成30年10月から平成31年6月までに住宅取得等資金の贈与を受けた場合には800万円までを非課税限度額とします。

② ①以外のマンションの場合

　平成27年12月までに住宅取得等資金の贈与を受けた場合は1000万円、平成28年から平成29年9月までに住宅取得等資金の贈与を受けた場合には700万円、平成29年10月から平成30年9月までに住宅取得等資金の贈与を受けた場合には500万円まで、平成30年10月から平成31年6月までに住宅取得等資金の贈与を受けた場合には300万円までを非課税限度額とします。①と比較すると、それぞれ非課税とされる限度額が500万円少なくなります。

　なお、取得したマンションの対価にかかる消費税が10%の税率である場合は、前述の場合とは異なる非課税枠が設定されています。

● 借用書をきちんと作成しておく

　贈与ではなく、親からお金を借りてマンションを買うという人もいると思います。そのときには、もちろん、贈与税など心配することはありません。しかし、税務署がそれを素直に信じるかどうかは別です。145ページでもとりあげますが、税務署は、マンションを購入した人の中から何人かに「購入した資産についてのお尋ね」という書類を送付しています。その書類から、マンションの購入資金が本当に借金によるものなのか、贈与によるものなのかを判断しているのです。したがって、「お尋ね」が来てもいいように、親からの借金であることを証明できるように準備をしておく必要があります。

　そのための準備とは、借用書を書いておくことです。借用書には、金利や、返済期間などもしっかりと記入しておきましょう。また、そ

■ 相続時精算課税制度と住宅取得等資金の贈与

贈与を受けた財産の合計額 − 特別控除額（2,500万円） = 課税価格

課税価格 × 一律20% = 贈与税額

※ 平成31年6月30日までにマンションを取得する契約を締結した場合、要件に応じて300万円〜3000万円の非課税枠がある。

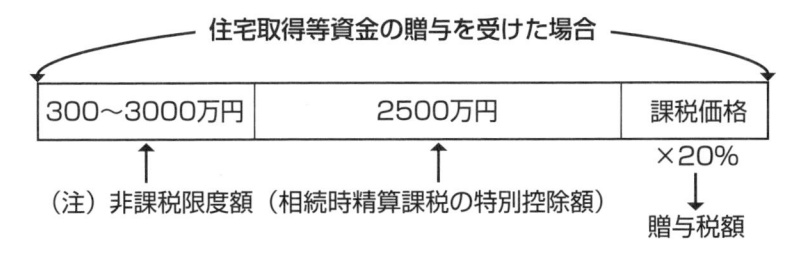

住宅取得等資金の贈与を受けた場合

| 300〜3000万円 | 2500万円 | 課税価格 |

↑　　　　　　　↑　　　　　　×20%
（注）非課税限度額（相続時精算課税の特別控除額）　　贈与税額

(注) 非課税限度額は、契約の締結時期・消費税の税率・マンションの質に応じて段階的に定められている。たとえば、免震建築物など良質と判断されるマンションを購入する契約を、平成28年10月〜平成29年9月の間に締結した場合、消費税が10%であれば3000万円まで非課税となる。

の通りの返済をしていることを証明するために、返済は銀行口座への振込みにするようにします。

● 妻の両親からの援助についての注意点

マンションを購入するときは、妻の両親からも援助を受けることがあるでしょう。しかし、贈与税の非課税や相続時精算課税制度を利用するためには、自分の親からの贈与であることが必要です。したがって、相続時精算課税制度を受ける場合、妻の親からの贈与については、妻の持分を登記簿上に明記し、妻が贈与を受けたという形を明確にしなければなりません。または、借用書を用意して、お金を借りたという形跡を残しておくことも大切です。

■ 借用書サンプル

借　用　書

収入印紙

借用金額　　2,000,000 万円也

　私は、上記金額を住宅購入のため借用受領いたしました。
　返済につきましては、平成 23 年 7 月 1 日より、上記の金額に借入残高に対する利息を付し、貴殿の指定する銀行口座に、毎月振込によりお支払いたします。

・毎月の支払元本額　　2 万円（元金均等払い）
・支払回数　　100 回

平成 23 年 7 月 1 日

　　　　　　　　　　借主　住所
　　　　　　　　　　　　　東京都○○区 ×× ○丁目○番○号
　　　　　　　　　　　　　　　　　　甲野大介　㊞
　　　　　　　　　　貸主　住所
　　　　　　　　　　　　　東京都○○市 ×× 町○丁目○番○号
　　　　　　　　　　　　　　　　　　甲野一郎　㊞

15 マイホーム購入後に税務署からお尋ねがくる

いい加減に対応すると贈与税が課税される恐れもある

● どんな目的で調査をしているのか

　マンションの購入資金の調達先が親からの贈与であった場合、非課税の特例があるとはいえ、贈与税の対象になるのが原則です。そこで、税務署は、おもに贈与税の把握のために、マンションを取得した人の中から何人かを抽出して、**「購入した資産についてのお尋ね」**という書類を送付しています。

　この税務署によるお尋ねは、税務調査とは異なりますので、書類を受け取った人が絶対に回答をしなければならないものではありません。しかし、回答を怠ることで、税務署に「申告漏れや虚偽申告があるかもしれない」と疑われてしまうと、その後に税務調査を受けることになってしまうということもあるようです。

　「購入した資産についてのお尋ね」という書類が届いた場合には、放置せずに、なるべく早いうちに正確な情報を回答するようにしましょう。また、申告内容に漏れや誤りがあることが判明した場合は、すぐに訂正をするようにしましょう。

　書類は、物件の概要から始まって、取得するための資金の内訳や支払先、資金の調達方法まで、マンションの取得資金に関するお金の出入りについて、非常に細かいことを聞いてきます。

　たとえば、購入資金を夫婦の貯金から出した場合、そのお金をいつ、どこの銀行から、いくらおろしたかまで正確に記入しなければなりません。拠出したお金の割合どおりに持分が登記されていなければ、そのお金は贈与されたものとみなされ、課税対象になってしまいます。

　また、ローンや借金についても、借入期間や利息を細かく書くよ

うに要求されます。親から「あるとき払いの催促なし」のような形で借金をして購入した場合でも、きちんと借用書を書いて、借入期間や利息を明記しておかないと、これも贈与とみなされてしまいます。

◉ 夫婦共有名義の場合の持分の計算

　夫婦が共有する形でマンションの持分を登記する際、気をつけなければならないことは、実際の購入資金の負担分どおりに登記するということです。

　持分の計算は、物件の取得費用の全額を分母にし、夫と妻が負担した金額を分子にしてそれぞれ計算します。相続時精算課税制度などの特例措置を利用する場合、妻の両親からの贈与は、妻の持分に入れて計算し、登記に反映することを忘れないようにしましょう。

◉ 住宅ローン減税や住宅資金贈与の特例を受ける条件

　住宅ローンや住宅資金贈与の特例を受ける重要な要件に住宅の面積があります。床面積が50㎡以上なければ、これらの減税や贈与の特例は受けられません。

　注意しなければならないのは、この「床面積」には、2種類あるということです。建築基準法の床面積と不動産登記法の床面積です。この2つの床面積は、計測の仕方が違います。したがって、数値も違います。具体的には、建築基準法の床面積の方が、不動産登記法の床面積よりも広くなります。一方、減税や特例を受けるための基準になるのは、不動産登記法の床面積です。したがって、建築基準法で床面積50㎡の住宅では、減税や特例を受けられない恐れがでてきてしまうのです。建築基準法の床面積は、壁心面積といって、壁の中心から面積を算出します。一方、不動産登記法の床面積は、壁の内側を基準に面積を算出する内法面積になっています。

　気をつけたいのが、不動産のパンフレットには、壁心面積が床面

積の表示に採用されているということです。したがって、床面積が50〜55㎡とパンフレットに書いてあるような物件の場合、内法面積を必ず確認する必要があります。

■ お尋ねに対する対策

・夫婦でローンを負担した場合は、夫婦の共有名義にしておく
→単独名義だと贈与税がかかる可能性がある
・相続時精算課税制度の適用を受けた場合は、税務署に申告する
→贈与税の特例に注意
・預貯金通帳を整理し、資金の出し入れ（日付や金額、用途）について一覧表を作成する
→所得を整理する
・父母などからの住宅資金の援助を贈与にしたくない場合、借入金として明確にしておく
→贈与税が課される可能性があるため

■ 内法面積と壁心面積

● **内法面積**

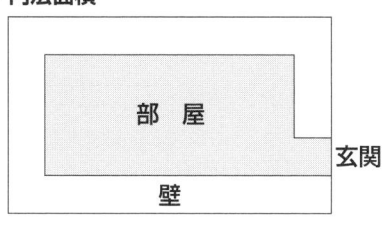

・壁の内側の面積を測定する
・不動産登記簿に記載されている面積は内法面積

● **壁心面積**

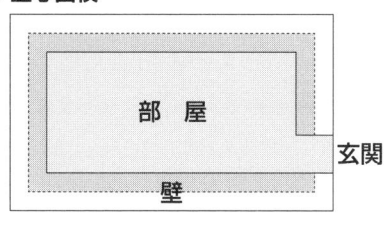

・壁の中心線で囲まれた面積を測定する
・物件のパンフレットに掲載されている面積は壁心面積

16 保険の見直しを検討する

住宅ローンを組む際には、見直しのよいきっかけになる

● 保険に入りすぎていないか

　ムダな保険に入りすぎていないかを検討するよい機会になるのが、住宅ローンを組む時です。フラット35を除いて民間住宅ローンを組む際には、団体信用生命保険への加入が義務付けられますので、仮に生命保険に別に加入している場合は、生命保険に二重に加入することになります。ですから、すでに加入している保険は、そのままの保険金額では、補償が過剰になってしまうのが普通です。

　もちろん、子どもがまだ小さくて、将来の教育費など、住宅ローン以外での備えが必要な人もいるでしょうから、解約すべきだとは一概にいえません。しかし、必要な補償を冷静に見直せば、保険金額を減額しても差し支えないという結論になる可能性は高いといえます。

　たとえば、死亡保険金が5000万円の生命保険に加入している場合、3500万円の住宅ローンを組めば、団体信用生命保険と併せて、保険金は8500万円にもなってしまいます。そのような場合は、今まで加入していた生命保険の保険金を2500万円にまで減額すれば、保険料も約半分ほどになり、浮いた分は、生活費や住宅ローンの返済に回すことができるのです。

　すでに加入している生命保険の保険金額がそこまで多くないという人でも、補償を減額できれば、毎月、数千円程度は保険料が浮くはずです。月数千円と思う人もいるかもしれませんが、年間に直せば、数万円になります。決して見過ごせる金額といえないのではないでしょうか。

　ただし、月々の保険料を抑えることばかりに目を向けてしまい、

必要以上に補償額を削ってしまうことがないように注意しましょう。一度、保険契約の内容を変更したり、解約したりしてしまうと、後から元に戻そうと思ったとしても、年齢や健康状態などの条件が充たせなくなる場合もあるからです。

● 死亡保障の見直し方

住宅ローンを組む際に、団体信用生命保険に加入したのであればその分の死亡保障は不要になるのが一般的です。したがって住宅ローンを組んだ後は、死亡保障が過剰になっていないかについて検討する必要があります。

死亡保障を確保する生命保険は大きく「終身保険」と「定期保険」に分けられます。終身保険は死亡保障が一生涯続く保険、定期保険は死亡保障が一定期間に限られる保険です。終身保険の方が保険料は高くなりますが、解約返戻金といって、お金が戻ってくるしくみになっているため貯蓄代わりに使う人も多いようです。この解約返戻金の運用を株式投資や債券投資などリスクをとって運用する商品を変額終身保

■ 保険の見直し

加入している保険に
ムダはないか
ムダ

支払っている保険料に
ムリはないか
ムリ

保障内容に
ムラはないか
ムラ

↓

保険の見直し

↓

掛け捨て or 貯蓄、終身 or 定期、保険料の多寡、家計・家族構成とのバランスを考慮して加入する保険を選び直す

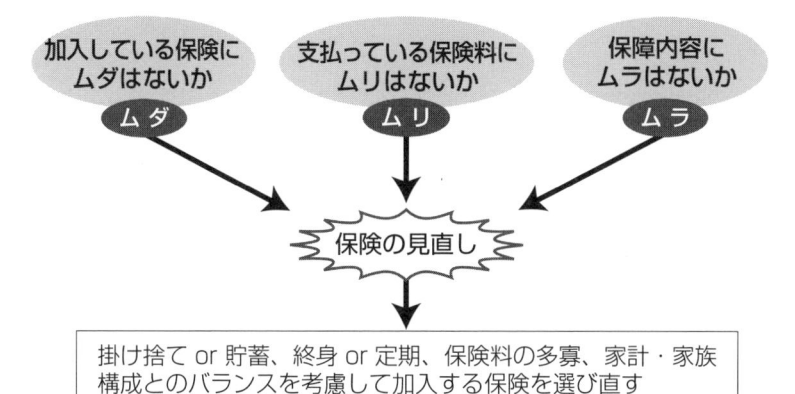

険といいます。

　保険料をもっと抑えたい場合には、定期保険を活用することを考えてみましょう。定期保険のうち収入保障保険というタイプはさらに保険料を安くすることができます。

　また、これら死亡保障を確保するための保険に共通していえる保険料削減のための方法として「割引」を使うことがあります。たとえば、保険会社によってはタバコを吸わない方の保険料を安くする「非喫煙者割引」といった割引や、身長と体重のバランス（太りすぎ、やせすぎのチェック）や血圧などが一定の範囲内に収まっていれば「健康体割引」という保険料割引制度がある場合もあります。保険の見直しの際には、こうした自分に適した割引が使える保険会社かどうかも検討するとよいでしょう。

● 医療保障の見直し方

　保険の見直しの際には、医療保障もぜひ見直しをしたいところです。医療保険のベースとなる保障は入院1日あたりの給付金で、これが5000円なのか1万円なのかで保険料は大きく異なります。また、1入院あたりの保障日数には上限があり、短いほど保険料は安くなります。

　会社員や公務員であれば、健康保険の高額療養費制度（医療費の自己負担額が一定の限度を超えた場合に被保険者に支給される費用のこと）や職場の福利厚生（本来従業員個人が負担すべき健康診断や人間ドックの費用を福利厚生費として会社が負担する場合など）などを考慮すると、過度な保障は不要だといえます。

　頭金として貯蓄の多くを使ってしまい貯蓄が少ない時期には、治療にかかる費用も家計に大きく響いてくる可能性もあるため、万が一に備えて医療保障も厚い保障をつけておくという方法も有効です。結局は保障を得る目的によって考えていく必要があります。

17 団体信用生命保険とはどんな保険なのか

住宅ローン契約者の万が一を保障する保険

● どんな保険なのか

　団体信用生命保険は、住宅ローンの返済中に死亡したり、高度障害になったときにローンの残り全額を貸出先の金融機関に支払ってもらえる生命保険の一種です。民間の金融機関の住宅ローンでは、原則として、団体信用生命保険への加入が要件となっています。ただしフラット35については、団体信用生命保険への加入は任意とされており、また、一部の民間金融機関の中にも加入を要件としていないケースもあります。

　住宅ローン契約は、数十年という長い期間にわたって返済を続ける契約です。このため、中には契約者が支払期間の途中で事故や病気によって死亡してしまうというケースもあります。契約者が死亡すれば残ったローンは相続人が引き継ぐことになりますが、大黒柱を失った家族がローンを支払い続けるのは容易ではありません。

　このような事態を想定して団体信用生命保険が用意されているのです。団体信用生命保険に加入すると、契約者に万が一のことがあったとき、残りのローン額と同等の保険金が支給されて返済に充てられることになっています。つまり、残された家族は住宅ローンの心配をすることなく、自宅を維持することができるというわけです。

　なお、保険料については毎月の返済額に含まれているのが一般的ですが、フラット35や一部の金融機関のローンについては、別途保険料を支払います。

　団体信用生命は、金融機関を保険契約者、保険金受取人とし、生命保険会社を保険者、ローンの借り手を被保険者とした保険契約です。

● どんなメリットがあるのか

　団体信用生命保険の最大のメリットは、万が一の場合にローンの残りをすべて保険金で精算できるという点です。保険料は年齢に関係なく、ローンの金額によって決まっています。おおよそ、ローンの0.3％程度が年間の保険料です。ただ、強制加入の場合は、ほとんどのケースで毎月の利子の一部に保険料が組み込まれています。

● フラット35の場合

　フラット35の場合、団体信用生命保険への加入は任意です。国が関与していた旧住宅金融公庫のローンでは、団体信用生命保険の加入が任意だったため、その名残でフラット35もそのまま任意になっているのです。ただ、ローン残高の0.3％程度の特約料（保険料）を年払いで別途支払えば、団体信用生命保険に加入することができます。

　団体信用生命保険の保険は、年間契約ですので、毎年、ローン残高に応じた特約料を支払わなければ契約は失効します。失効した後で慌てて再契約をしようとしても、受け付けてもらえませんので、注意が必要です。

● 手続きの仕方について

　団体信用生命保険加入の手続きは、住宅ローンの契約時に同時に行います。住宅ローンの契約後に別途団体信用生命保険への加入だけを契約することはできません。

　必要な書類は「団体信用生命保険による債務弁済委託契約申込書」と「申込書兼告知書」です。一般の生命保険と違い、健康診断書の提出や医師の診断は不要とされています。

18 火災保険や地震保険など各種保険のしくみについて知っておこう

火災や地震などによって生じた損害の補償を行う

● 火災保険で補償される範囲

　建物や家財は常に火災によって損害を被る危険にさらされています。このリスクをカバーするのが**火災保険**です。

　火災保険の補償範囲は広く、落雷や破裂、爆発などによる被害も補償されます。台風による強風や突風を原因とする被害も補償の範囲内です。特約をつければ、風災、雪災、水災、物体の飛来・落下、水ぬれ、盗難、持出し家財の損害などにも対応します。

　一般的にマイホームを購入する際には住宅ローンの契約と一緒に火災保険に加入します。火災保険を販売しているのは、損害保険会社、保険代理店、銀行ですが、実際は、損害保険会社が保険を直接販売することはほとんどなく、保険代理店を通じて契約するのが普通です。火災保険に加入する場合、マンションの売買契約を締結した後、引渡しが完了する前に手続きを済ませることになります。住宅ローンを借りる金融機関によっては、火災保険に加入することを条件としているところもあります。火災保険に加入するにあたっては、火災保険の申込書類、保険料、マンションの構造や延べ床面積等を確認できる書類（売買契約書、重要事項説明書、建物登記事項証明書など）を用意する必要があります。マンションの構造や延べ床面積を確認するのは、これらの情報によって火災保険料が変わってくるためです。

● 家財保険の対象は

　建物のみを補償する火災保険と家財のみを補償する家財保険は、別々に契約しなければなりません。**家財保険**は、家財を補償対象とす

第４章　購入物件を決めたら　153

る火災保険です。火災保険の一種であり、家財保険という名称の商品は正式にはありません。補償の対象となる「家財」とは家具や布団などの生活必需品だけを指すのではなく、テレビやパソコンなどの家電製品、楽器、書籍、貴金属など、生活に使う品物を幅広く指します。食料も家財です。ただ、実際に補償される品目は保険会社や保険商品ごとに異なるため、確認が必要です。家財保険の請求の際には、補償の対象となる家財が壊れたことを証明する写真や、修理する場合は、修理費用の見積り書などを保険会社に提出しなければなりません。

● 地震火災費用保険金とは

　火災保険の中には、地震保険ほどではありませんが、地震による家や家財道具の損害を補償してもらえる商品があります。支払われるのは**地震火災費用保険金**です。地震火災費用保険金は、地震や津波、火山の噴火によって火災が起こり、家や家財道具が一定以上、焼失してしまった場合に支払われます。支払われる金額は、通常、契約している火災保険金の５％程度（支払限度額は100～300万円）に設定されています。ただし、あくまで火災保険が想定していない地震、津波、噴火による損害なので、火災保険金は支給されません。地震火災費用保険は、火災保険の商品によって特約としてつける場合と、あらかじめセットになっている場合があります。

● 地震保険の特徴

　地震保険は、地震・噴火、地震による津波、これらを原因とする火災・損壊・埋没・流失による損害を補償する地震災害専用の保険です。補償の対象となるのは、居住用の建物と家財で、事業用のみの建物は対象外となります。「地震保険に関する法律」に基づき、国と民間で共同運営されています。

　地震保険の特徴のひとつとして、火災保険とセットでしか契約で

きないことが挙げられます。また、法律で定められた保険なので、どの保険会社で加入しても保険料や保険金の支払額は同じです。ただ、すべての地震被害において、保険金の支払いが保証されているかというと、そうではなく、1回の地震で支払われる保険金の総額には上限があり、これを超える被害が発生した場合は、各保険加入者に支払われる保険金を減額して調整するとされています。

　さらに、建物の構造（耐火建築物であるかなど）と地域（1等地～3等地の3区分）によって保険料が異なります。等地とは所在地（都道府県）の区分のことで、地震が起きるリスクが低い地域が1等地、高い地域が3等地（東京、神奈川、愛知など）です。つまり、1等地の保険料は低く、3等地の保険料は高くなるのですが、国の措置により、同じ等地に分類されていても都道府県によっては保険料額が異なる地域もあります。

　地震による損害を受け、保険金を請求すると、その損害は「全損」「半損」「一部損」の3つの区分に分類され、支払われる保険金の額は、その区分によって決まります。全損・半損・一部損の区別は次ページの図の通りです。なお、平成29年1月からは、損害区分が4つの区分に細分化されます。具体的には、現在の半損を大半損と小半損の2段階に分ける予定になっており、これによって多様な損害状況に合わせた、よりきめ細やかな補償体制が整備されます。この損害区分の細分化に伴って、保険料の改定も行われる予定になっています。地震保険の保険金額は、火災保険の保険金額30～50%の範囲内で設定することになります。ただし、建物は5000万円、家財は1000万円が限度です。

● 水災保険とは

　台風、豪雨、河川氾濫などによって受けたマンションの流失や床下浸水等の被害は、火災保険では補償できません。近年では、河川が近くにない都市内部の住宅においても、集中豪雨により水害に見舞わ

れてしまうケースもあります。保有しているマンションが床上浸水し建物自体に損害を受けた場合や、洪水によって流されてしまった場合に、これらの被害を補償し、保険金を受け取ることができるのが**水災保険**です。豪雨による土砂崩れの被害にあったときも、水災保険により補償することができます。

水災保険は火災保険とセットになっている場合も多いですが、購入するマンションの立地や住居部分の高さなどから水害の起きやすさをよく勘案し、水災保険に加入するかどうかを検討しましょう。

■ 地震保険の損害区分と支払金額

	判断基準		支払金額
	建物	家財	
全損	①建物の土台、柱、壁、屋根などの損害額が、時価の50％以上の損害 ②焼失・流失した部分の床面積が、建物の延床面積の70％以上の損害	損害額がその家財の時価の80％以上である損害	設定した契約金額の100％（時価が上限）
半損	①建物の土台、柱、壁、屋根などの損害額が、時価の20％以上50％未満での損害 （平成29年からは40％以上50％未満を大半損、20％以上40％未満を小半損とする） ②焼失・流失した部分の床面積が、建物の延床面積の、20％以上70％未満の損害 （平成29年からは50％以上70％未満を大半損、20％以上50％未満を小半損とする）	損害額がその家財の時価の30％以上80％未満である損害 （平成29年からは60％以上を大半損、30％以上を小半損とする）	設定した契約金額の50％（時価の50％が上限） （平成29年からは大半損は60％、小半損は30％）
一部損	①土台、柱、壁、屋根などの損害額が、時価の3％以上20％未満の損害 ②床上浸水もしくは地盤面より45cmをこえる浸水を受けたことにより損害が生じた場合で、全損・半損に至らないとき	損害額がその家財の時価の10％以上30％未満である損害	契約金額の5％（時価の5％が上限）

第5章

マンションの管理状況・住環境・欠陥トラブルの知識

1 マンションを買うと管理をしなければならない

一戸建てとは異なる知識が必要になる

● マンションを購入する上で知っておくこと

　マンションは集合住宅であるため、購入する際には戸建て住宅とは異なる知識が必要になります。

① 区分所有者とは何か

　法律上、マンションのことを区分所有建物といいます。建物の内部が各戸に区分されており、それぞれについて所有権（区分所有権）が設定されているからです。

　この区分所有権を有する者が**区分所有者**です。つまり、マンションを購入すれば、誰でも区分所有者となるというわけです。区分所有者間の利害の調整を図るために、区分所有法で建物の管理や敷地の利用について規定が置かれています。

② 管理規約と管理組合

　区分所有者間の関係をすべて法律で定めることは不可能です。また、それぞれのマンションごとに違った考慮が必要になる場合もあります。そこで、個々のマンションごとに自主的な管理のルール（管理規約）を定めることになっています。この管理規約を定めるのは、区分所有者全員で構成される管理組合です。管理組合は、マンションの管理や運営を円滑に行うために、各区分所有者が集まって話し合い、意思決定をする機関です。

③ 共用部分の管理

　マンションの内部は、一戸一戸に区分された専有部分と、エレベーターや階段、廊下などの共用部分に分けられます。

　共用部分の管理については、原則として、区分所有法や管理規約

に基づいて集会を開き、その決議によって決めることになります。

「マンションは管理を買え」といわれます。マンションの購入にあたってはよくこの点について確認しておくことが大切です。

④ 専用使用権

共用部分は、本来、各区分所有者が共有する部分であり、原則として各自が用法に従って使用できますが、専属的に建物の共用部分を使用できる権利（専用使用権）が設定されている場合もあります。分譲の際に専用使用権を設定する契約が交わされる場合や、規約、管理組合の決議によって決められた場合には、このような専用使用権の設定も有効とされます。専用使用権を有する区分所有者は、たとえ共用部分であっても、他の区分所有者の使用を排除することができます。

⑤ 管理費の決め方

マンションのエントランス、エレベーターなど、共同利用施設の管理に必要な費用が管理費です。この管理費の負担割合については、標準管理規約でも区分所有者の共用部分の共有持分に応じて算出することになっています。

■ 区分所有法のおもな規定

マンション
- 共用部分は区分所有者全員の共有財産であり、全員で管理しなければならない
- 区分所有者やその家族、賃借居住者は、共同の利益に反する行為をしてはならない
- 共用部分の維持管理の費用は、区分所有者全員で負担する
- 規約の改正・廃止は、4分の3以上の多数で決定できる
- 建て替えは5分の4以上の多数で決定できる
- 形状または効用の著しい変更を伴う共用部分の大規模修繕工事は、4分の3以上の賛成多数で決定できる

2 マンションはどのように管理すればよいのか

所有者の集まりである管理組合によって運営されている

● 管理にはどんな種類があるのか

　快適なマンションでの生活のためには、マンションの管理体制が重要です。しっかり管理されているマンションでは、戸建住宅ではすべて個人で行わなければならない清掃や物品の点検、補充、修理等について、住民の負担が小さく、住み心地の良い生活を送ることが可能になります。

　具体的なマンションの管理体制には、マンションの管理業務を基本的に住民自身が行う自主管理という体制も存在しますが、これでは戸建住宅とあまり変わりがありません。そこで一般的には、管理業務を管理会社が行う**委託管理**という形態が採られているマンションが多いといえます。

　さらに委託管理の中には、すべての管理業務を管理会社に委託する全面委託管理と、一部の管理業務のみを管理会社に委託する部分委託管理とがあります。

　全面委託管理の形態を採っている場合には、マンションの住民は、住戸の管理以外の一切の管理業務を、基本的に管理会社に委託することができ、管理に関する住民の負担をもっとも小さくすることができます。しかしその分だけ、住民が負担する管理費の負担が大きくなるということは、認識しておかなければなりません。

　なお、委託された管理業務は、具体的に管理人により処理されますが、管理人の勤務体系に関して、①常駐、②日勤、③巡回という形態に分類されます。

● 管理組合とは何か

　マンションは大勢の人たちが暮らす建物です。快適な生活をするためには、行き届いたマンションの管理が不可欠です。そこでマンション管理について定めた区分所有法という法律では、「区分所有者は、全員で建物並びにその敷地および附属施設の管理を行うための団体を構成する」と規定しています。この「団体」のことを一般に管理組合と呼んでいます。

　管理組合のおもな仕事には、①共用部分の管理、②管理費の徴収・管理、③管理規約を作ること、があります。管理組合は名前の通り、マンションを管理し、良好なマンション環境を守るための存在です。

● 区分所有について

　一戸建ての建物を購入する場合、建物を購入した人は自由に建物を処分できるのが原則です。しかし、マンションの購入については同じ建物を複数の人間が所有・管理するという特徴があるため、マンション独自の「区分所有」というルールが必要になります。

■ マンション管理のしくみ

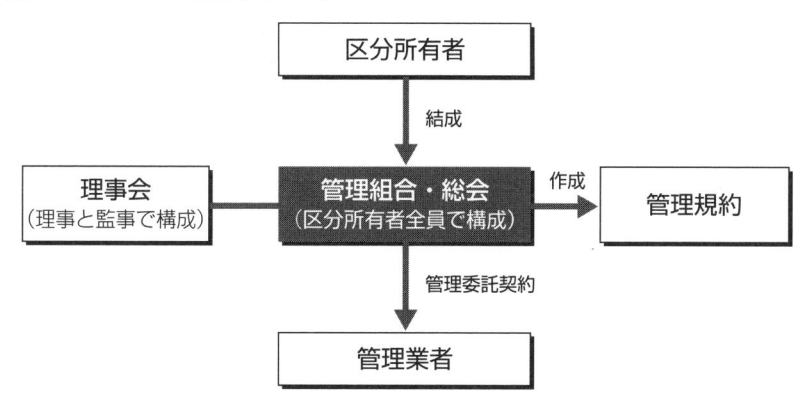

```
                    区分所有者
                       │
                       │ 結成
                       ▼
理事会         ┌─────────────────┐   作成
(理事と監事    │  管理組合・総会  │ ─────→ 管理規約
 で構成)       │(区分所有者全員で  │
               │     構成)        │
               └─────────────────┘
                       │
                       │ 管理委託契約
                       ▼
                    管理業者
```

第5章　マンションの管理状況・住環境・欠陥トラブルの知識

区分所有とは、マンションの一部の所有権を有していることをいいます。マンションの分譲を受けた人は、マンションを区分所有していることになります。そして、マンションを区分所有している人のことを区分所有者といいます。

　マンションには、「専有部分」と「共用部分」があります。専有部分とは、マンションの中の各部屋に該当する場所のことを指し、原則としてその部屋に住んでいる人（区分所有者）が自由に用いることができます。これに対して共用部分とは、エレベーターや階段などマンションの住民全員が用いる場所のことをいいます。共用部分については、マンションの住民全員で管理を行うことになります。

　専有部分と共用部分の区別をどうするか、共用部分を管理するための費用をどのようにマンションの住民の間で分担するか、といったことを決めるために、マンションごとのルールを定めることが必要です。

● マンションの賃借人は管理組合には入れない

　マンションの管理組合に入ることができるのはマンションの各部屋の所有者（購入者）です。マンションには、分譲により部屋を所有している人（区分所有者）の他に、区分所有者から部屋を借り受けて住んでいる人（賃借人）がいる場合もありますが、賃借人は区分所有者ではないので、管理組合の構成員にはなりません。

　ただ、賃借人も同じマンションで生活するわけですから、区分所有者と同じようにそのマンションのルールに従わなければなりません。

　区分所有法は、「賃借人も建物の保存に有害な行為、建物の管理・使用について区分所有者の共同の利益に反する行為をしてはならない」と定めています（6条3項）。賃借人がこの義務を怠った場合には、賃貸人から賃貸借契約を解除されることもあります。

　また、他の区分所有者は賃借人に対して違反行為を止めるように警告や勧告をしたり、規約に基づいて制裁を課したりすることができ

ます。さらに、集会の特別決議（194ページ）によって、賃貸借契約の解除と建物の引渡しを請求する訴えを提起することもできます。

なお、建物の使用方法などについて賃借人に利害関係がある場合には、賃借人にも集会への出席と意見を述べる権利が認められています。

● 管理の対象は

マンションの設備を大きく分けると、マンションの持ち主（区分所有者）が単独で利用できる各個人の部屋（専有部分という）と、エレベーター・廊下のような、そのマンションの住民すべてのための施設（共用部分という）があります。

マンションの管理組合は、共用部分の他、区分所有者が共有する敷地を管理することになります。専有部分は、各区分所有者の管理に委ねられます。

● 総会、管理規約、管理者の選任

これには以下のような方法があります。

① **集会（総会）を開く**

マンションの区分所有者は、管理組合の構成員となります。区分所有者の意思を確認するために、区分所有法では集会を年1回以上開催することを義務付けています。この集会で区分所有者の意思を確認し、重要な管理方針などを決定します。集会は一般に**総会**と呼ばれています。

② **管理規約を作る**

共用部分はもちろん、専有部分についてもあらかじめ決まりごとを作り、区分所有者に知らせておけば、管理についてのトラブルを防止し、公正な管理ができるようになります。そこで、区分所有法では、管理組合として区分所有者が守るべき決まりごと（規約）を作ることを認めています。

管理規約は、管理組合が管理を行う共用部分だけでなく、住民が住む各部屋（専有部分）にも効力が及びます。また、敷地や駐車場といった附属施設の管理や使用についても規約を作ることができます。

③ 管理者を決める

本来であれば、マンションの管理は区分所有者が全員で行うべきものです。しかし、大勢の区分所有者が直接管理に携わることは実際には困難です。そこで、通常、集会の決議によって管理者を選任し、共用部分の管理をまかせます。選任された管理者は、すべての区分所有者を代理して職務を行います。多くの場合、理事長が管理者になります。

● 集会では何を決めるのか

集会はマンション管理における最高の意思決定機関です。マンションの管理・使用についての問題はすべて、区分所有者全員で構成される集会で決められます。集会の決議事項には、区分所有者と議決権の各過半数で決める事柄（普通決議事項）と過半数よりも厳しい特別多数によって決める事柄（特別決議事項）があります。**普通決議事項**としては、共用部分や敷地、付属施設の管理、共同の利益に反する行為の停止の請求の訴え提起などがあります。**特別決議事項**としては、建替えの決議、共用部分の変更、規約の設定・変更・廃止などがあります。

■ 集会の招集権者

原則として管理者・理事それぞれが招集できる

↓ ただし

規約に定めがあればその定めに従う

↓ また

標準管理規約では理事会に招集権限が認められている

◉ 理事会とは

　管理組合には役員として、数名の理事と監事が置かれます。**理事**は管理組合の業務を行い、**監事**は管理組合の財産や理事の業務を監督します。

　理事会は理事と監事全員で構成される機関で、管理規約に定められた事柄を決定することができます。理事会は総会と違い、区分所有者すべてが参加している機関ではありません。

　また、理事会は集会に出す議案を作成する機関でもあります。さらに、集会で決議された事項を実行することも理事会の仕事のひとつです。

◉ 理事長とは

　理事長は、理事会を代表する者であり、管理組合を代表する者でもあります。理事長は通常、区分所有法上の管理者とされます。

　理事長には、職務上の権限（共用部分の保存行為を行う権限や集会の招集、管理組合の集会決議の実行など）と職務上の義務（集会における事務の報告や議事録を閲覧させる義務など）があります。

■ 理事会の招集・開催・議事録の作成

```
┌──────────────────┐  ┌──────────────────────────┐
│   理事長の招集   │  │ 理事の同意があった場合の招集 │
└────────┬─────────┘  └──────────────┬───────────┘
         ↓                           ↓
┌────────────────────────────────────────────────┐
│ 理事への理事会の日時・場所・目的の通知など、招集手続きの実施 │
└────────────────────┬───────────────────────────┘
                     ↓
┌────────────────────────────────────────────────┐
│        規約で定めた定足数の理事の参加          │
└────────────────────┬───────────────────────────┘
                     ↓
┌────────────────────────────────────────────────┐
│       原則として出席理事の過半数で議決         │
└────────────────────┬───────────────────────────┘
                     ↓
┌────────────────────────────────────────────────┐
│ 理事会議事録の作成、議事録への署名押印、議事録の保管 │
└────────────────────────────────────────────────┘
```

3 専有部分と共用部分の関係はどうなっているのか

どこまでが専有部分で何が共用部分なのかは法律・管理規約で決められている

● 専有部分と共用部分について

　マンション建物の専有部分は各区分所有者が管理し、建物の共用部分と敷地は管理組合が管理します。そこで、マンションの建物について専有部分にあたるのか共用部分にあたるのかの区別をつけておかないと管理者がはっきりせず、何かトラブルが起きたときに管理責任をめぐって争いになる可能性もあります。実際に共用部分と専有部分がどのように分けられているかについて見ていきましょう。

● 専有部分とは

　区分所有権の目的となっているマンションの各室を**専有部分**といいます。専有部分といえるためには、構造上も利用上も独立性を備えていることが必要です。「構造上の独立性」とは、壁、扉、床、天井によって他の部分から遮断されていることです。「利用上の独立性」とは、その区画部分を独立して利用できるということです。

● 共用部分とは

　所有者が専有部分を使用するにあたって他の所有者と共同で使用しなければならない部分を**共用部分**といいます。共用部分には、①玄関ホールや廊下、屋上や外壁、バルコニー、エレベーターホールなど、専有部分以外の建物の一部分、②電気設備やガスの配管、エレベーター設備、給排水設備などの付属設備といった、構造上共用せざるを得ない部分（法定共用部分）と、集会所や管理人室など、所有者同士の話し合いによって必要性が認められて共用とされる部分（規約共用

部分）があります。いずれの共用部分も、それぞれのマンションごとの事情によって、その範囲が大きく違ってくるわけです。共用部分は、区分所有者が専有部分の面積に基づく割合（持分）で共有することになります。共用部分については、所有者が共同で使用する権利がある反面、その管理について費用や労力を提供したり、持分に従って固定資産税を支払わなければならない、といった義務が存在します。

● 壁の表面部分は専有部分

　マンションの各室は専有部分だとしても、専有部分に壁のどこまでが含まれるのかについてはさまざまな考え方があります。

　大きく、①壁の中心部分までを専有部分とする考え方、②壁や天井などで囲まれた空間を専有部分とする考え方、③壁や天井の表面までは専有部分に含まれるとする考え方があります。実務上は、③の考え方を基準とすることが多いようです。③の考え方をとると、たとえ

■ 壁についての専有部分と共用部分の区別

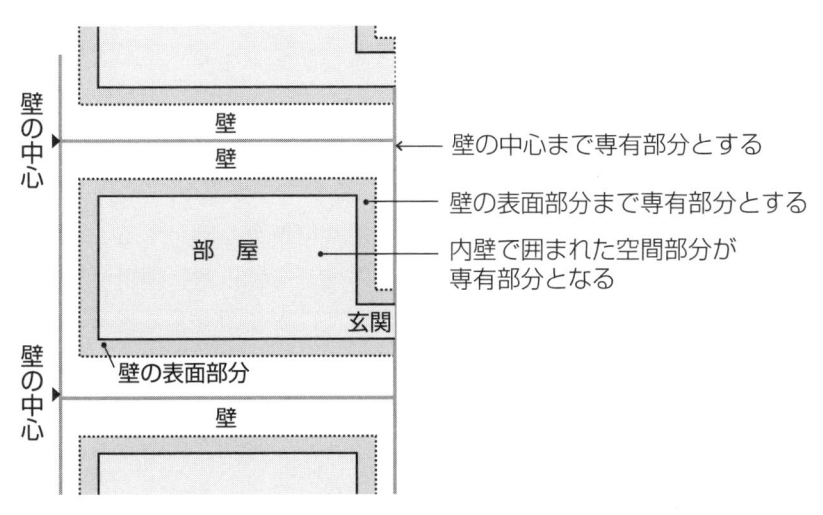

- 壁の中心まで専有部分とする
- 壁の表面部分まで専有部分とする
- 内壁で囲まれた空間部分が専有部分となる

第5章　マンションの管理状況・住環境・欠陥トラブルの知識　167

ば、住民の一人が自分の部屋の壁紙を変えたいと思った場合には、専有部分である表面だけの変更なので自由にできます。しかし、2つの隣接した部屋を購入した住民が、部屋を広くするために壁を壊すことは共有部分である壁の中心を壊すことになりますからできません。

● マンション標準管理規約による区別

　共用部分と専有部分の区別について、マンション標準管理規約では、専有部分について、住戸番号を付した住戸、天井・床および壁については躯体部分を除く部分、玄関扉については錠および内部塗装部分と定めています（マンション標準管理規約7条）。窓枠や窓ガラスは、専有部分に含まれないと規定されていますので、マンション標準管理規約の基準に従うと、各部屋の住人は勝手に窓ガラスの交換をすることはできないということになります。

　また、共用部分については、エントランスホール、廊下、階段、エレベーター設備、電気設備、給水設備などが示されています（マンション標準管理規約別表第2）。マンション標準管理規約については、平成23年7月に改正が行われており、改正前の標準管理規約を参考にしている場合には改めて見直しを行う必要があります。

● 専用使用権とは

　共用部分は、マンションの区分所有者すべてが管理する部分です。そこで、原則として居住者個人が勝手に共用部分を利用することはできません。しかし、例外的に建物の共用部分を独占的に使用できる場合もあります。共用部分を特定の居住者だけが使用できる権利のことを**専用使用権**といいます。たとえば、駐車場やバルコニーなどが専用使用権の対象になります。専用使用権は、マンションの分譲のときに専用使用権を設定する旨の契約をした場合や、規約、集会などの住民同士の話し合いで専用使用権を認めた場合に発生します。

4 共用部分や専用部分の管理について知っておこう

管理業者に委託するかどうかを集会で決める

● 共用部分の管理方法

　共用部分を快適な状態に維持するためには管理が不可欠です。管理業務は大別すると、①清掃、②維持管理、③保安管理、④事務処理などとなります。①清掃には、玄関ホールや廊下の掃除をはじめ、側溝や配管、貯水タンクといった付属設備の清掃も含まれます。②維持管理には、エレベーターや冷暖房設備の保守点検、電灯の交換、ガラスや集合ポストなどの破損の補修といったことが考えられます。③保安管理としては、駐車場・駐輪場の盗難防止や不審者進入の防止対策、④事務処理には、管理費や組合費、修繕積立金といった金銭の出納事務、マンション全体の保険契約や対外折衝などがあります。

　管理業務を誰が行うかは、所有者である住民自身が決めることです。自ら当番などを決めて管理を行えば、自分たちの所有物がどのように扱われているかがきちんと把握できますし、何よりもよけいな費用がかかりません。

　ただ、管理業務にはそれなりの時間と労力が必要です。住民の事情によっては、一部の人だけにその負担がかかる可能性があるので、費用を分担して管理業者に委託するというのもひとつの方法でしょう。

　なお、マンションによっては購入時に分譲業者の指定した管理会社と管理業務の委託契約を締結させられる場合があります。この場合、委託費用を一方的に決められたり、共用部分の管理状況を把握しにくくなるおそれがあります。管理会社の管理業務に不満がある場合には、集会の決議で管理会社を変更することができます。

● 区分所有者の共用部分に対する権利

　共用部分には、建物の構造上当然に共用部分として扱われる法定共用部分と、譲渡契約や管理組合の規約などによって共用とされる規約共用部分があります。法定共用部分は、法的にも共用部分としての権利が認められていますが、倉庫や車庫など、独立した不動産として扱うことができる部分に対して、区分所有者がどのような権利を持つかについては、各マンションによって違いがあります。

　種類としては、①区分所有者全員の共用部分とする、②独立の不動産として、個別に所有権登記する、③賃貸借契約を結んで使用する、などの形があります。

　①のように独立した不動産として扱うことができるが、便宜上共用とした方が都合がよい設備である場合、管理組合の規約や売買契約の中で共用部分とされることがあります。この場合、使用はもちろん維持管理も共同で行います。なお、特定の者に専用使用権を認めることもできます。

　また、②の独立の不動産として扱う場合、販売業者と譲渡契約を結んで所有権移転登記をし、正式な所有権者になります。

　③の賃貸借契約の場合は、販売業者などが所有権をもち、利用者と賃貸借契約を結んで賃料や管理費をとるという形をとります。

　このように、一見共用部分と見える場合でも、区分所有者が所有権を持たない場合もありますので、登記簿や売買契約書などをよく確認し、権利関係を把握しておくことが必要でしょう。

● 専有部分・共用部分と使用・収益

　設備が専有部分か共用部分かどうかで、設備を使用できる権利者が異なります。

　たとえば、マンションの駐車場部分をマンションの分譲業者が使用している場合、駐車場部分が共用部分にあたるとすれば、分譲業者

は根拠となる権利もないのに駐車場を独占使用していることになります。逆に、駐車場部分が専有部分で、かつ分譲業者の専有部分であった場合、駐車場の所有者は分譲業者となります。

専有部分と共用部分は、該当する部分が建物として構造上独立しているか、あるいは部屋が構造上外気と分断されているか、建物としての用途性を備えているか、などを基準として区別するのが一般的です。

また、登記簿で所有者を確認するという方法もあるため、登記所（法務局）で調べて判断するとよいでしょう。

なお、たとえば、分譲マンションのエレベーター自体は、共用部分ですが、分譲マンションのエレベーターに乗っていたところ、地震でもエレベーターが急停止し、閉じ込められたために会社に遅刻してしまうなど、何らかの損害を被ってしまった場合を考えてみましょう。この場合の責任を追及することは可能なのでしょうか。

この点について、このエレベーターが、区分所有者全員による共用部分である場合には、エレベーター自体に欠陥があったのであれば、エレベーターの製造メーカーに責任を追及することになります。また、エレベーターの管理にミスがあったために事故が生じたのであれば、エレベーターの管理業者に責任を追及できる場合があります。

■ 分譲マンションの専用部分と共用部分

	種類	具体例
建物	専有部分	各住民が住む部屋
	共用部分	玄関ホール、エレベーターホール、外壁、廊下、バルコニーなど
付属設備・施設	共用部分	電気設備、ガスの配管、エレベーター設備、管理人室

※専有部分は各部屋の持ち主（区分所有者）が自分で管理
※共用部分は区分所有者が共有する財産として、区分所有者が共同で管理

5 管理規約や使用細則にはどんなことを定めるのか

それぞれのマンションで守られるべきルールを定める

● 規約や使用細則はなぜ存在するのか

管理規約とは、建物、敷地、付属施設の管理・使用について、区分所有者が自主的に定めたルールのことです。

マンションには区分所有法をはじめとするさまざまな法律が関係しています。しかし、法律が多数存在していても、マンションで起こるすべての問題についてあらかじめ法律で規制することは不可能です。なぜなら、マンションで生活する中で生じる問題は、マンションごとで全く異なっているからです。たとえば、マンション内での騒音問題をとってもマンションの構造によって壁の防音性能が変わってくるので、マンションごとに異なる規約が必要になります。

そこで、マンションごとに独自に規約を作る権限を認め、円滑なマンション管理と運営ができるようにしました。

● 規約の効力について

場合によっては、区分所有法と管理規約の内容が矛盾することもあります。このような場合、原則として規約は無効になります。区分所有法の中には、例外を一切認めることができない規定があるのです。たとえば、「建替え決議で必要とされる要件（区分所有者と議決権の各5分の4以上の賛成）を普通決議（過半数の賛成）でも可決できる」とする規約は無効です。原則として規約の内容はマンションの区分所有者で自由に決めることができます。たとえば、ペットの飼育を一律に禁止するといった規約を作ることもできます。

しかし、公序良俗（社会の一般常識）に反する規約を作ることは

できません。たとえば、「子どもが生まれた場合はその夫婦はマンションから退去しなくてはならない」という規約は公序良俗に反するので認められません。

● 規約はどう作ればよいのか

規約はマンション分譲業者があらかじめ作ることもあります。しかし、業者が作った規約は、業者側に一方的に有利なことも多く、区分所有者が不利になってしまう危険があります。

そこで、区分所有者を保護するために、国土交通省は**マンション標準管理規約**という、規約のひな型を公開しています。ひな型を見てもよくわからない点があれば、同省住宅局市街地建築課のマンション政策室に問い合わせてみるとよいでしょう（電話03-5253-8111）。業者が規約を用意していない場合は、この標準管理規約を参考に規約を作るのがよいでしょう。また、業者が規約を作っていた場合でも、標準管理規約と比較し、標準管理規約より不利な点があった場合は、業者にその点を主張し、集会決議で規約を変更します。

■ 管理規約の効力

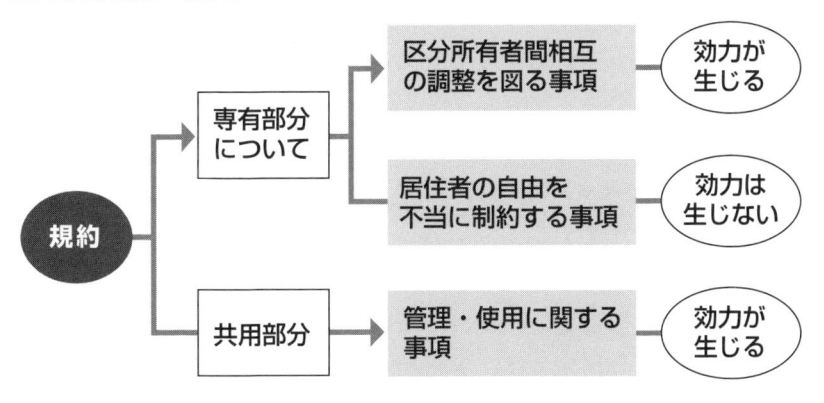

```
                      ┌─ 区分所有者間相互  ─→ 効力が
                      │   の調整を図る事項        生じる
         ┌─ 専有部分 ─┤
         │   について  │
         │            └─ 居住者の自由を    ─→ 効力は
  規約 ──┤                不当に制約する事項    生じない
         │
         └─ 共用部分 ──── 管理・使用に関する ─→ 効力が
                            事項                  生じる
```

● マンション標準管理規約とは

　管理組合が管理規約を定める際の参考として、一般に公開されているのがマンションの管理についての標準的な規約である「マンション標準管理規約」です。

　もともとは昭和57年に、「中高層共同住宅標準管理規約」として制定されたのですが、平成16年１月に「マンション標準管理規約」として見直しが行われました。近年では、平成23年７月にマンション標準管理規約の一部改正が行われています。

　マンションをめぐる法律や規則などのルールは改正が行われることもあります。規約内容の見直しを行わないと、新たな法律の制定や改正に対応していないなどの問題をかかえてしまうこともあります。管理組合は、規約内容に問題点や不備がないかを定期的に見直す必要があります。

　標準管理規約は、マンションの使用方法や共同生活における約束を広く定めています。平成23年７月に行われたマンション標準管理規約の改正では、議決権行使書・委任状の取扱いの整理、役員のなり手不足に対応するための要件の見直し、管理組合の財産管理についての規定の見直しなどが行われました。

　なお、国土交通省「マンションの新たな管理ルールに関する検討会」が「マンションの新たな管理ルールに関する検討会報告書」（平成27年３月）を公表しており、マンション標準管理規約についても平成27年10月現在、改定する方向で調整が進められています。

　マンション標準管理規約には、①単棟型、②団地型、③複合用途型の３種類があります。

　①単棟型は、通常の住居専用のマンションについて定めた標準管理規約です。②団地型は、団地に特有の事柄を付け加えて定めた管理規約です。③複合用途型は、店舗と住居が一体となったマンションなどを念頭においた管理規約です。

いずれの管理規約も国土交通省のホームページ（http://www.mlit.go.jp/jutakukentiku/house/mansei/manseikanri.htm）からダウンロードすることができます。

● 規約の設定や変更はどうする

　規約の設定や変更・廃止は、管理組合の構成員である区分所有者が集まる集会で行う必要があります。

　規約の設定・変更はマンションに住む人にとって重大な問題ですから、規約を設定・変更・廃止するには特別決議（区分所有者と議決権総数のそれぞれの4分の3以上の賛成が必要な決議）によらなければなりません。管理規約の変更・廃止は、このように、一応制度としては可能であることになっていますが、構成員の過半数を大きく上回るこの要件は、極めて厳しい要件を課しているといえるため、事実上管理規約を変更・廃止することは不可能だといえます。したがって、後から変更等できるからといって、当初の管理規約の内容を精査せずに承認してしまうことは、後々のトラブルの原因になります。

　ただし、区分所有者全員が書面（契約書など）またはメールなど

■ 規約で定めることができる事項と規約作成上の注意点

規約で定めることができること
- 建物・敷地に関すること
- 専有部分・共用部分に関すること
- 管理者に関すること
- 管理組合に関すること
- 集会の運営に関すること

など

規約作成上の注意点
- 区分所有者以外の者の権利を害することはできない
- 区分所有者間の利害の衡平に配慮した規約を作成しなければならない
- 区分所有者全員の利益にならない不当な権利の制限は認められない

第5章　マンションの管理状況・住環境・欠陥トラブルの知識

の方法で規約に合意するという意思を表示した場合も、総会の決議があったものとして扱うことが認められています。

　そこで、分譲契約時に分譲業者が作成した規約案にマンションの購入者に記名押印をさせることが多く行われています。規約案に記名押印することで、分譲が終わった時に、区分所有者全員が書面で合意したことにして、規約を設定させています。

● 使用細則とは

　共用部分の管理などについて定めたルールとして、管理規約の他に使用細則と呼ばれるものがあります。マンションにおけるルールは基本的に管理規約により定められますが、管理規約では定めきれない細かいルールについては使用細則で定められます。

　たとえば、ペットの飼育についてのルール、駐車場・倉庫の使用方法などについて定めます。マンション内で生じる個別具体的な問題については、使用細則を用いて解決を図ります。管理規約については総会の特別決議（194ページ）によって定める必要がありますが、標準管理規約を利用する場合、使用細則は総会における普通決議（区分所有者と議決権の各過半数による決議）によって定めることができます。

● マンション管理標準指針とは

　マンション管理標準指針は、マンション管理にあたって留意すべき項目と対応を示した指針です（国土交通省、平成17年12月策定）。指針が掲げる項目は多岐にわたりますが、マンションを管理する上で重要な基本的事項とその基本的事項についてどのような対応をすべきかについて記載されています。本指針をもとにマンションの管理状況をチェックすることで、マンションを買う購入者側にとっても購入予定のマンションの管理レベルを理解した上で契約を締結することができるため、トラブルを予防するという効果も期待できるといえるでしょう。

6 管理費負担のとりきめはどうなっているのか

未納者に対しては法的措置が検討されるおそれもある

◉ 管理費とは何か

　マンションには、それぞれ住人が居住スペースとして使う専有部分と、エレベーター、廊下のような共用部分があります。この共用部分は、マンション居住者全員のための施設です。このような共用部分を利用・維持するには費用がかかります。たとえば、電気代を払わなければ廊下の照明もつきませんし、エレベーターも動きません。

　そこで、共用部分を管理・維持したり、利用するための費用として**管理費**が必要になります。そして共用部分は区分所有者全員が利用するものですから、管理費は原則として区分所有者全員が払う必要があります。

◉ 管理費の負担について

　月々の管理費の負担は、マンションに長い間住む区分所有者にとっては大きな問題です。そこで、管理費の負担は、通常、分譲時の契約や規約で決まっています。たとえば、分譲マンションの分譲契約の時には、ほとんどの契約書にすでに「○○号室の管理費は○○円とする」などと記載されています。

　管理費の負担についてあらかじめ決まりがなかった場合は、法律に従うことになります。区分所有法では、管理費の負担の割合は原則として各区分所有者が持っている専有部分の床面積の割合によって決まるとしています。部屋が広い住民ほど多くの管理費を払わなければならないわけです。

● 滞納者は法的措置により管理費を回収されるおそれがある

　マンション管理組合にとって、管理費を納めない区分所有者の存在は大きな問題です。また滞納者の存在は、管理費を払っている他の区分所有者から不公平感をもたれるため、マンション居住者全体の感情的トラブルに発展するおそれもあります。

　管理組合が回収するといっても、滞納者の部屋に押しかけるなどといった軽率な行動をとることは、ほとんどありません。なぜなら、滞納者が住居侵入罪などで、管理組合側を訴えることができるためです。そこで、管理組合は強制的に管理費を徴収したい場合に、訴訟や支払督促などの法的手段を利用することがあります。なお、管理費請求は素早い対応が要求されるという理由から、マンション標準管理規約では、管理者側が、未納の管理費などの請求を行う場合には、総会決議を必要とせず、理事会の決議だけでも、理事長が管理組合を代表して訴訟その他の法的措置を行うことができると規定しています。

　また、未納者が多い場合、管理費の額が引き上げられる可能性もあります。管理費を納めないことは、住民にとってもマイナスになることがあるため、定められた時期に納付することが大切です。

■ 管理費の負担額の決定方法

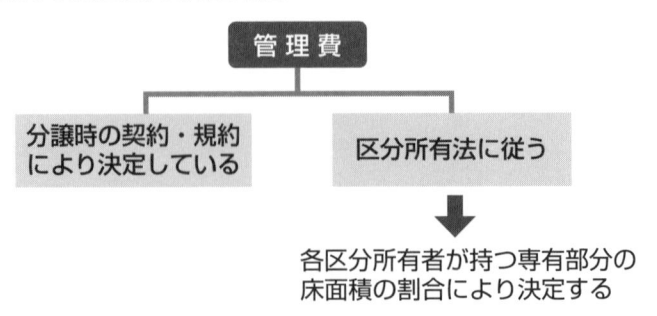

```
               管理費
              ／     ＼
  分譲時の契約・規約    区分所有法に従う
  により決定している          ↓
                    各区分所有者が持つ専有部分の
                    床面積の割合により決定する
```

7 管理委託費について知っておこう

管理委託費が適正かどうかの検討が必要である

● 管理委託費とは

　管理委託費とは、管理組合が管理会社に支払う費用のことをいいます。マンションの住民から集められた管理費の大半は管理会社に対して管理委託費として支払われます。

　管理委託費は、通常は、マンションの分譲時に分譲会社によって決められています。しかし、分譲会社が一方的に決定した金額について、住民側がとくに疑問をもつこともなく支払い続けていることが多いようです。そのため、分譲時には管理委託費の額が適正であると考えていたとしても、技術が進歩することなどが原因となって、必要な費用の額が変動するなどして、管理委託費の額に疑問を持つ可能性があります。そのため、管理委託費は定期的にチェックすることが必要です。管理委託費の額が適正かどうかは、管理会社から送られてくる書類を見て管理組合が判断することになります。

● 管理費が高すぎるという場合もある

　マンションによって必要な管理費は異なります。戸数の少ないマンションの場合は住民の支払う管理費は高くなりますし、設備を充実させればそれだけ必要な管理費は増えます。

　しかし、管理会社の得る利益が大きいために管理費が高くなっているという可能性もあります。もし、管理費が高いと感じるようであれば、チェックすることも必要です。具体的な交渉は管理組合が行うことになりますが、「他の管理会社から見積りをとってもらう」など、現在の管理費が適正な額かどうか検討してもらうことになるでしょう。

● 場合によっては管理会社の変更を検討する

　管理会社を変更することは、管理の質の向上や、高額であった管理費を適正な価格に抑えることが目的ですので、管理会社が変わったことで以前よりも管理の質が低下するというような事態がないようにしなければなりません。

　本当に管理会社の変更を行おうとするのであれば、現在の管理会社が支払いを求めている管理費が適正であるのかといった点について、マンション管理士や、管理会社の変更に詳しいコンサルタント会社などの専門的知識を持った第三者の意見を聴くことも必要です。

　管理会社の変更は、比較的煩雑な手続きが必要になりますので、マンションの住民自身の手によってすべての手続きをこなすことは、なかなか困難だといえます。

　そのため、管理会社変更の手続きをコンサルタント会社に依頼するという場合も多いようです。コンサルタント会社は、管理会社の変更業務に関して、専門的知識も経験も豊富ですので、管理会社の変更業務をスムーズに進め、住民側の負担を抑えることが可能になります。ただし、コンサルタント会社に管理会社の変更業務を委託する場合には、報酬の支払いが別途必要になります。管理会社が要求する管理費が高すぎる場合等に、管理会社の変更を検討するのが通常ですので、コンサルタント会社に多くの報酬を支払わなければならないのであれば、本末転倒の結果になりかねませんので、注意が必要です。

　また、国土交通省が作成した「マンション標準管理委託契約書」によると、管理会社との間で結んでいる管理委託契約における契約期間中であったとしても、3か月前までにあらかじめ申し入れておくことで、管理委託契約を解約することが認められています。

　したがって、現在の管理委託契約を解消し、管理会社を変更することは、国土交通省も前提にしているということができます。

8 管理費を安くする方法はないのか

業者を吟味することで管理費を低く抑える

● 管理費とは何か

　管理費は、マンションの管理業務を委託している管理会社に対して支払われる金銭です。マンションの共用施設が多ければ多いほど、処理しなければならない管理業務が増大するため、管理費用はその分だけ割高に設定されます。したがって、管理費用として住民が負担する金額は、ある程度のまとまった金額になります。しかし、住民の中には、自分が管理費として実際にどれほどの金額を負担しているのか、把握していない住民も多いことが現状です。これは、管理組合が管理会社に対して支払っている「管理委託費」というマンション管理のための費用の算定根拠があいまいな場合に起こり得る問題です。

　マンションの管理費は、一般的には管理会社により、原価とは関係なく自社が利益を得られるような金額が設定されています。業務ごとの費用の内訳が明確になっていない場合は、費用の根拠が上記のようにあいまいな状況となります。

　管理費用の具体的な金額は、マンションの立地や階数等の条件ごとに、異なる金額が設定されています。一般的には、1㎡あたり200円前後から350円前後の範囲で設定されている場合が多くあります。

　マンション管理費は、おもに10数年ごとに行われる予定の大規模修繕工事の費用や、共用部分等の修繕費に充てられる金額です。修繕工事は、通常は管理組合が日常的に取引のある管理会社に委託します。管理会社が提案した工事費用を管理組合が検討せずに鵜呑みにした場合は、その費用負担とされる管理費が高額になる可能性があります。

　管理費の交渉は、住民が直接行うわけではなく、管理組合と管理

会社との間で行われます。この場合は、管理費総額ではなく費用の内訳ごとに検討をする必要があり、たとえば管理員にかかる費用、清掃・植栽にかかる費用、エレベーターなどの設備にかかる費用などが見直されます。費用内訳が他の管理会社と比べて割高になっている部分について、費用を低く抑えるように交渉がなされます。

● 管理員とは

　管理員の仕事には、マンションの備品の使用申込みの受理や、共用部分の鍵の貸出しといった受付業務、無断駐車の確認や照明・共用設備の点検などの点検業務、ゴミの搬出の立会いや外注業者の業務の立会いといった立会業務、文書の掲示などの報告連絡業務があります。

　管理員には、常駐、日勤、巡回の3種類の配置方法があります。常駐とは管理員がマンションに住み込む形態のことで、緊急時の迅速な対応が可能になります。日勤とは管理員が日中に通勤する形態で、夜間は不在となります。巡回とは一人の管理員が複数のマンションの業務を行う形態で、管理員が一つのマンションで業務を行う時間は1日あたり数時間のみです。

　管理員の業務の質は、常駐、日勤、巡回の順に低下する可能性があります。日勤や巡回の場合、管理員がいない時間帯に事故が発生した場合の対応方法を入居者はあらかじめ確認する必要があります。

● 清掃や植栽の手入れにかかる費用とは

　居住者に安心して生活してもらうためには、マンションを定期的にメンテナンスする必要があります。たとえば、清掃や植栽の手入れなどが挙げられます。マンションで行う清掃には、日常清掃と定期清掃の2種類があります。日常清掃は管理員が共用部分などの清掃を行うことで、定期清掃は専門の清掃業者がワックスがけをするなど、管理員だけではできないような大規模な清掃のことです。日常清掃が行

き届いていれば定期清掃の頻度が少なくて済むため、管理員と住民の手によって日常清掃を念入りに行っていれば定期清掃のための費用が抑えられます。また、落ち葉の掃除や害虫の駆除などの植栽にも費用がかかる可能性があります。

また、マンション内の設備を点検することも必要です。マンションの安全を確保するための点検には、日常点検と法定点検があります。日常点検とは、管理員などによって設備をチェックすることです。一方、法定点検とは、資格を有する者が法律に基づいて行う点検のことです。法定点検は法律で義務付けられているため、点検の回数を減らすことはできません。その他、駐車場の維持にも費用がかかります。マンションでは、機械式駐車場を導入しているケースが多くあります。機械式駐車場は、数年ごとに部品の交換や、安全のための専門業者による定期的な点検が必要です。そのため、機械式駐車場の維持・運営は、平面駐車場と比較して費用がかかります。

● エレベーターの保守契約や保守業者とは

エレベーターの保守点検契約には、フルメンテナンス契約とパーツ・オイル・グリス契約の2種類があります。フルメンテナンス契約とは、保守点検のすべてを業者にまかせる契約で、パーツ・オイル・グリス契約は、委託業務を一部に限定する契約で、部品の交換の場合には別途費用がかかる契約です。

また、エレベーターの保守業者には、エレベーターのメーカー系列会社である業者と、独立にエレベーターの保守を行っている会社の2種類があります。メーカー系列会社は、系列会社のエレベーターのみのメンテナンスを行い、独立の保守業者はエレベーター会社を問わずに保守業務を行うという特徴があります。

9 管理会社の良し悪しはどう見るのか

行政が管理する登録簿に登録されている業者かどうか確認してみる

◉ 管理会社とは

　マンションの売買契約が締結され、買主がマンションを購入した場合には、自己の住戸以外の設備の点検や管理を、住民自身が行うことはほとんどありません。むしろ、このような点検・管理を行わなくてはならない戸建ての住宅とは異なり、マンションの管理を気にせずに、しかも快適な生活を送ることを求めて、マンションの購入を希望する人が多いようです。そこで、設備の点検や管理の業務を担うのが管理会社です。マンションは大規模であり、また、機械の点検・修理など専門的な知識も必要になります。そこでマンションの管理組合等を通じて、管理委託費を支払って、管理会社のような業者にマンション管理を委託するのが通常です。

◉ 登録を受けた業者を検討する

　現在、新築分譲マンションのほとんどは契約時にあらかじめ管理会社が決まっています。しかし、古いマンションの中には専門の管理会社に委託していないものもあります。そのようなマンションでは、新しく管理会社を決める必要があります。マンション管理適正化法（30ページ）によると、マンション管理業者は、行政（国土交通省）が管理する登録簿に登録する必要があります。登録を受けた業者は、管理の内容を区分所有者に説明したり、管理費がどのように使われているか帳簿を作り、区分所有者に閲覧させる義務などを負います。

　ただ、登録はあくまで登録であり、業者のマンション管理の質を保証しているわけではありません。しかし、登録業者には区分所有者

への説明義務がある分、登録をしていない業者よりは適正な管理を行うといえます。利用したい管理業者がマンション管理適正化法の登録業者かどうかについては、管理組合を通じて確認することができます。

● 現実の管理状態も調べる

マンションの管理をどのような管理会社が行うのかは、住民の生活に影響する重要な問題です。そこで、管理組合がどのように管理状態を確認するのか見ていきましょう。

管理会社をいくつかリストアップした後に、管理会社に管理にかかる費用の見積書を提出してもらいます。そして、現実に管理会社がどのような管理を行っているのかを調べます。調査方法は、その管理会社が現に管理している他のマンションの現地へ行って調べることが多いようです。そのとき、ゴミ捨て場、駐輪場、ロビーなどの共用部分の様子を調べ、費用と質などを検討します。

● 管理会社をチェックする

マンション分譲業者があらかじめ指定する管理会社の多くは、分譲マンションの会社と同じ企業グループです。その立場を利用して、

■ 管理者と管理会社

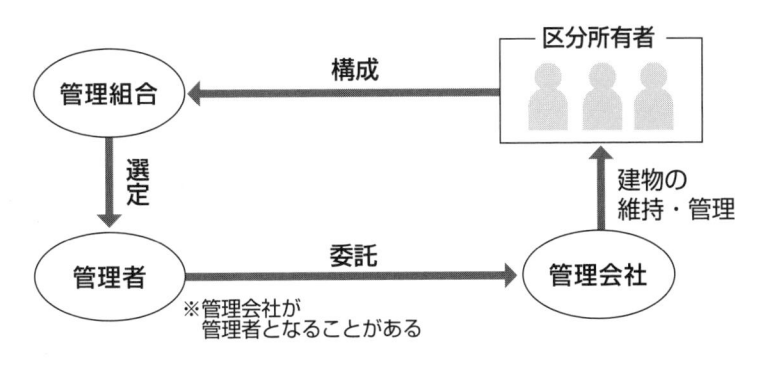

```
区分所有者
   │構成
   ▼
管理組合
   │選定
   ▼
管理者 ──委託──▶ 管理会社 ──建物の維持・管理──▶ 区分所有者
※管理会社が管理者となることがある
```

実際かかっている管理費用より多額の管理費を水増しして請求している場合もあります。その水増しされた管理費は分譲業者と同じ企業グループの利益になるという寸法です。管理費と比べ、管理サービスの質が悪いと考えられる場合は、管理組合を通じて、客観的なチェックを行うことになります。チェックの手順は以下の通りです。

① 契約書を比較する

まず国土交通省公表の「マンション標準管理委託契約書」を基準にして現在マンションで結んでいる管理契約の内容について、不当な点や不利な点がないかを検討する必要があります。

② 説明を求める

管理業者に対して、締結している管理委託契約の内容が、①で取り上げた標準管理委託契約書より不利な部分があれば、その理由の説明を求めることになります。また、定められた契約の内容を履行していない場合には、その点についても質問します。納得のいく説明がないと管理組合が判断した場合には、その管理業者が不誠実な業者であるとして、管理会社の変更を検討することになります。

● 管理会社から妨害されたら

マンションに入居した後の問題として、管理会社の変更を決意したとしても、元々の管理会社が、しばしば妨害を行う場合があります。

たとえば、居住者名簿の提出を拒む消極的な妨害や、住民に対し「管理会社を変えるとマンションの資産価値が落ちる」などとウソを言ったり脅したりするなどの積極的な妨害があります。このような妨害は独占禁止法で禁止している「不当な取引妨害」となります。もし、このような妨害を受けた場合は、管理組合を通じて、公正取引委員会（電話番号03-3581-5471）などの公共機関に相談することが可能です。

10 こんな管理組合には危険がいっぱいある

管理組合の設置目的に反するような運営を行っている管理組合は要注意

● どんな問題点があるのか

　管理組合の目的は、マンションの適切な管理を行うことで、住民の快適な生活をサポートすることにあります。しかし、管理組合の中には、残念ながら管理組合の本来の目的を忘れてしまっているかのような、不適切な運営を行っている場合もあります。

　危険な管理組合の例としては、駐車場の使用料に関して、管理費会計に組み入れている管理組合などが挙げられます。駐車場の使用料は、一般的に、管理組合の有力な収入源です。そして、集めた駐車場使用料金を原資に、修繕等の管理業務に充てる運営を行うのが普通です。

　しかし、とくにマンションの売主（デベロッパー）側からすれば、管理費が安いことを、そのマンションのセールスポイントにしたいと考える場合が多いようです。そのために、駐車場の使用料金を管理費会計に組み込んで、住民から収集する管理費を低く抑えようとする管理組合が存在します。このような管理組合は、危険であるといえます。

　たしかに住民の側からすると、支払うべき管理費が安く済むことは、非常に好ましいことであるといえます。しかし、他方で管理費会計に駐車場の使用料が組み入れられてしまうと、マンションを管理するために必要不可欠である管理費が、十分に確保されていないという事態を招くおそれがあります。なぜなら、近年、駐車場を使用する住民は減少傾向にあり、駐車場の使用料の収入もまた減少しています。したがって、駐車場の使用料金を管理費会計に組み入れることで、駐車場の使用量が減少してしまったことが原因になり、管理費が不足するという事態が起こりかねません。

第5章　マンションの管理状況・住環境・欠陥トラブルの知識　187

● 権利関係が複雑である

　権利関係が複雑になっている管理組合も危険だといえます。たとえば、駐車場やトランクルームなどを、住戸とは別個に分譲の対象に設定している管理組合などが挙げられます。物理的には、マンションの住戸と、駐車場等を切り分けて、駐車場等の専用使用権を設定することも可能です。しかし、マンションの住戸の他に、共用施設である駐車場などの分譲が行われてしまうと、権利関係が複雑化してしまうため、管理組合の運営が困難になる場合が少なくありません。

● 管理規約を具体的に行使する細則がない

　管理規約中で抽象的に定められている事項に関して、より具体的な基準等を示した細則が設けられていない場合があります。

　たとえば、管理規約の中に、ペットの飼育を許可する文言が入っていたとしても、ペットの種類や大きさはさまざまであり、一般に考えられないような危険なペットを飼育する住民が出てくる恐れもあります。そこで、近隣住民等との間で、トラブルが起こり得る原因になってしまうため、管理規約の内容を具体化する細則を定めておく必要があります。

● 理事の入れ替わりが激しい

　管理組合は、住民が集まって組織される機関です。実際の業務を行う「理事会」に関して、理事が毎年入れ替わるようなマンションも存在します。しかし、毎年入れ替わってしまっては、それ以前の管理に関する活動や基本方針が引き継がれず、非効率的な管理組合の運営になってしまいます。そのため、理事の任期を定めるとともに、毎年、半数はその前年の理事が残るようなしくみを採用する必要があります。

11 マンションの修繕と修繕積立金について知っておこう

建物が劣化していないかの点検が必要である

● マンションの傷みの見分け方

　どんなマンションでも、時間の経過とともに少しずつ傷みが出てきます。そのため、マンションの管理組合が定期的に点検を行い、建物が劣化していないかをチェックする役割を担っています。

　また、マンションの傷みは、ある日突然表れるものではなく、毎日少しずつ生じます。マンションの管理組合による定期点検だけではなく、普段の生活の中でマンションに異常が生じていないか注意することも必要です。

　マンションの修繕を行うとしても、初期段階で対応する場合と劣化が進行してから対応する場合とでは、後者の方が修繕にかかるコストが大きくなります。そのため、住民としても初期段階でマンションの劣化を発見することが重要です。建物の中で、年数経過により劣化する可能性のある設備としては、マンションの外壁や廊下、玄関ホールや階段などがあります。配水管や配電盤、給水タンクなどの設備は、サビや破損が発生すると生活に支障をきたすので早めの修繕が必要です。また、エレベーターや自動ドア、共用の集会所や駐車場なども注意が必要です。

　そのため、管理組合が、マンションの点検を行う場合には、これらの箇所にとくに注意を払って点検を行うことになります。

● 修繕時期の目安

　一般的なマンションの修繕時期の目安としては、外壁が9～15年、屋根・屋上などが10～15年、給水管・ポンプなどは12～20年、エ

レベーターは25 〜 30年などとなっています。

　もちろん、ひび割れなどが見つかったら早めに補修すべきですし、消耗度を知るためにも計画の時期にこだわらず、管理組合による定期点検は、年に１回程度が理想的だといえるでしょう。

　マンションの点検・診断については、それぞれの箇所によって建築基準法や消防法、水道法などで定められた診断基準がありますので、専門家に依頼するべきです。総合的な建物診断を請け負う建築士事務所などもありますので、信頼できる業者を探すようにしましょう。なお、物価の変動や状況変化なども考えられますので、管理組合によって修繕計画が数年ごとに見直されることになります。

◉ 修繕積立金で対応する

　修繕には多くの費用がかかります。そこで、修繕積立金として、通常の管理費とは別に徴収します。台風や地震などの突発的な事故で修繕金が急に必要となることもあります。

　分譲マンションは、外壁など共用部分を含めて区分所有者の所有物となりますから、年数経過による劣化や破損の修繕は、当然、区分所有者自身が行わなければなりません。しかし、マンションの修繕となると区分所有者全員で費用を分担するといっても、各々の負担はかなり高額になります。修繕するたびに一度に請求しても、支払えない人が出てくるかもしれません。そこで通常は、予測される劣化に対する修繕費用を月々積み立てていく方法をとっています。

　月々の積立金の額を決定する際には、管理組合の総会で承認を得なければなりません。マンションの構造や備えられた設備の耐久性、補修が必要となる経過年数、予想される修繕費用などを事前に調査し、根拠ある金額を総会に提示します。あまり安く見積もると、実際に修繕する際に追加金を徴収しなければならなくなる可能性がありますので注意が必要です。

国土交通省が、平成23年に出した、マンションの修繕積立金に関するガイドラインによって、15階未満のマンションに関して建築延べ床面積をもとに、修繕積立金額の目安が示されています。ガイドラインによると、1㎡あたり毎月178円から218円の修繕積立金が必要になります。
　しかし、バブル崩壊後の我が国においては、マンションの販売を促進する必要があるために、毎月の支払額を抑え、購入者に安いと思わせるために、不当に修繕積立金が低く設定されている場合があるため、注意が必要です。
　修繕積立金は区分所有者全員の財産なので、集金や出納などの管理を管理会社に委託している場合でも、口座名義は組合（あるいは理事長）のものとすることが一般的です。

● 専有部分と共用部分の修繕

　分譲マンションの場合、専有部分の修繕や改装は、区分所有者が自分で費用を捻出して、自由に行うことができるのが原則です。修繕や改装に際して、他の居住者の専有部分やマンション全体の共用部分の使用を妨げることはできませんが、修繕や改装に必要と認められる範

■ マンションの修繕

修繕の時期	外壁	9～15年
	屋根・屋上など	10～15年
	給水管・ポンプなど	12～20年
	エレベータ	25～30年
専有部分	区分所有者が自費によって、自由に修繕を行うことができる（原則）	
共用部分	区分所有者が所有する住戸の面積の割合に応じて、費用を負担して修繕を行う	

囲であれば、修繕や改装を行う区分所有者は、他の区分所有者の専有部分や共用部分に立ち入らせてもらうように請求することはできます。

では、区分所有者が自分の判断で費用を出して、外壁や柱といった共用部分を修繕した場合には、どのように処理するべきなのでしょうか。共用部分の修繕費用を出した区分所有者は、他の区分所有者（実際には管理組合）に対し、修繕にかかった費用を請求できます。請求する金額の割合ですが、規約に特別の定めがない場合は、区分所有者が持っている部屋の面積の割合に応じて請求します。つまり、広い部屋を持っている区分所有者ほど費用を多く負担することになります。

◉ 集会決議が必要な場合もある

修繕が必要だと思っても、調べてみると修繕の必要がない部分もあります。しかし、区分所有者個人の判断だけで必要のない修繕を行い、費用を請求されては、他の区分所有者の迷惑となります。そこで、修繕をする場合には他の区分所有者の意思を確認するために、集会を開き、「修繕を行う」との決議を行うことができます。決議は普通決議（区分所有者と議決権の各過半数）で行います。決議を行った場合、区分所有者個人の判断で修繕を行うことができなくなります。

◉ 修繕した後に記録を残す

修繕が終わった場合、管理組合は修繕の記録を残します。マンション標準管理規約でも、修繕などの履歴情報の整理や管理は、管理組合の業務とされています（マンション標準管理規約32条）。

記録を作ることは、今後の修繕の参考となり、また、区分所有者が、かかった費用の説明を受ける場合の資料としても役立ちます。住民側は、管理組合に対して、少なくとも、工事を施行した業者名、修繕した箇所、かかった費用、工事の時期について記録をとっているか、確認することになります。

12 大規模修繕について知っておこう

特別決議が必要になる工事がある

◉ 大規模修繕とは

　マンションは時間の経過とともに劣化していきます。たとえば、コンクリートは時間の経過とともに表面にひび割れが生じます。そのため、定期的な修繕工事が必要になります。修繕工事の中でもマンション全体に足場を組む必要があるような大規模な工事のことを**大規模修繕**といいます。大規模修繕のためにかかる費用は大きく、マンションによっては何千万円という費用が必要になります。そのため、建物の見た目だけではなく、それぞれのマンションの状況に応じて専門家の意見も参考にしながら大規模修繕の必要性を見極める必要があります。

　また、工事の安全に配慮することは当然ですが、設置する足場をつたって外部の人間がマンション内に侵入する危険もあるため、セキュリティへの配慮など、防犯についても注意をする必要があります。

　大規模修繕工事では以下のような工事が行われることになります。

・**屋上の防水工事**

　屋上で漏水事故が起こるとマンションに悪影響が生じるので、注意をする必要があります。

・**外壁のタイル**

　タイルが浮いてしまっているかどうかについては、目視では確認できないので専門の工具を用いて調査をする必要があります。

・**給排水設備**

　具体的には、配管に対するメンテナンス作業を行うことになります。配管がさびていれば修繕工事を行うことになりますが、その際に

は既存の配管を再びコーティングする方法と、配管自体を交換してしまう方法のどちらかを選択することになります。

・塗装工事

塗装工事では、用いる材料によって費用が大きく変わってくるので、材料の質と費用のバランスをとることが大切になります。

◉ 特別決議が必要な場合

現状の建物の状態を著しく変化させるような大規模な修繕工事を行う場合には、集会での特別決議が必要です。

特別決議とは、区分所有者と議決権の各 4 分の 3 以上の賛成が必要となる決議のことです。マンションの所有者に大きな影響を与える事項についての決議を行う場合には、普通決議よりも厳しい特別決議が要求されることになります。特別決議が必要になる大規模な修繕工事とは、具体的には、建物に新たにエレベーターを設置したり、駐車場を大きく改築する工事などが該当します。

◉ 普通決議で修繕できる場合

現状の建物の状態を大きく変更することがないマンションの修繕工事を行う場合には、普通決議を経る必要があります。マンションの現状を大きく変更するような工事ではなく、そこまで大がかりな工事でない場合には特別決議ではなく普通決議で足ります。

普通決議により行える工事には、具体的には、階段にスロープや手すりを設置する工事、防犯カメラの設置工事、鉄部の塗装工事、照明設備や消防設備に関する工事、窓枠や窓ガラスの工事などが該当します。普通決議が必要な工事か特別決議が必要な工事かについては、国土交通省が公表している標準管理規約に具体例が示されていますので参考にすることができます。

13 建替え・復旧について知っておこう

建替えに反対する者の所有権を買い取ることができる

● マンションの建替えはどのようにするか

　マンションの老朽化が進んでいる場合には、修繕や建替えが必要不可欠となります。

　建替えとは、修繕では改善できない場合にマンションを取壊して新しい建物を建築することです。

　建替えを検討する場合、まず区分所有者の意思確認のための集会を招集します。招集の通知には集会の開催日・場所・目的の他、①建替えを必要とする理由、②建替えをしない場合の修繕にかかる費用とその内訳、③建物の修繕に関する計画がある場合にはその計画内容、④修繕積立金の金額、を記載し、集会開催日の少なくとも2か月前までに発信しなければなりません。次に、集会開催日の1か月前までに建替えについての説明会を開くことが義務付けられています。説明会の通知は、開催日の1週間前までに発信します。これらの段階を経て、建替えを決議する集会を開くことができます。

　集会で、区分所有者と議決権の各5分の4以上の賛成があれば建替えが承認されたものとみなされます。

　建替え決議では、①新たに建築する建物（再建建物）の設計概要、②建替えにかかる費用、③費用の分担、④再建建物に対する区分所有者の権利内容、を決めておく必要があります。

　さらに、建替え決議に反対する者に対し、建替えに参加するかどうかを回答するように文書で求め、参加しないのであれば時価で決議に賛成した区分所有者などに売り渡すよう請求します。これらの準備が整えば、建替え工事に向けて動き出すことができます。

第5章　マンションの管理状況・住環境・欠陥トラブルの知識

● 建替えか修繕かの判断

　老朽化の進んだマンションでは、建替えか修繕かの判断が難しく、なかなか結論が出せないということも多いでしょう。国土交通省は、**「マンションの建替えか修繕かを判断するためのマニュアル」**を公表しています。それによると、おおよそ次のような流れで建替えか修繕かを判断すべきであるとされています。

　まず、老朽化の度合いと、各区分所有者のもつ不満やニーズを正確に把握することが大切です。その上で、区分所有者の多数意見としてどの程度の改善を望んでいるのかという「改善水準」を設定します。そして、その改善水準を修繕によってクリアする場合と建替えによってクリアする場合とで、①どちらの方が改善効果が高いのか、②どちらの方が費用がかからずに済むのかといった観点から総合的に比較検討を行います。マンションの建替えとなると相当な費用がかかることになりますから、区分所有者の全員がそろって建替えに賛成するということはあまりないでしょう。反対者の意見にも十分に配慮して、「なぜ建替えが必要なのか」を皆が納得できるような形で示せるかどうか、がポイントになります。

● 建物の復旧とは

　復旧とは、災害や事故によってマンションの一部が滅失してしまっ

■ マンション建替えの流れ

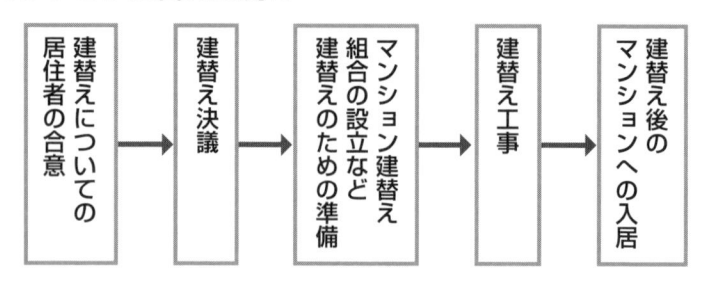

建替えについての居住者の合意 → 建替え決議 → マンション建替え組合の設立など建替えのための準備 → 建替え工事 → 建替え後のマンションへの入居

た場合に、滅失した部分を元の状態に戻すことです。

　区分所有法では、災害などにより被害を受けた箇所が建物の価格の2分の1以下（不動産鑑定士に時価の算定を依頼するなどして調べます）であれば、各区分所有者の判断で復旧することができるとされています。この場合、共用部分の復旧費用については、他の区分所有者に持分の割合に応じた負担を求めることができます。ただ、復旧について管理規約で「総会の決議が必要」と規定されているのであれば、復旧に入る前にまず総会を開かなければなりません。

　ここで、普通決議（区分所有者と議決権の各過半数）を得ることができれば、復旧に入ることができます。この時、反対者は決議に従わなければなりません。

　一方、被害が建物の価格の2分の1を超える場合は、必ず総会を開いて共用部分の復旧の是非を問わなければなりません。決議には、区分所有者と議決権の各4分の3以上の賛成が必要です。復旧に賛成しなかった人（反対者と棄権者）には以降、理解を求めていくことになりますが、復旧にどうしても賛成できない場合、反対者と棄権者は、専有部分と敷地利用権を時価で買い取ってもらうように、賛成者に対して請求することができます。なお、専有部分については、各区分所有者が自己負担で自由に復旧することができます。

■ 建替えと復旧

		注意点
建替え		老朽化・災害によりマンションを建て替えること 区分所有者、および議決権の各5分の4の賛成が必要 建替えに賛成しない者は敷地利用権を売り渡すことができる
復旧	小規模復旧	マンションの価格の2分の1以下に相当する部分の滅失 専用部分については区分所有者は各自で復旧工事ができる
	大規模復旧	マンションの価格の2分の1を超える部分の滅失 滅失した共用部分を復旧する旨の特別決議が必要になる

14 その他管理上の注意点について知っておこう

防犯対策やマンションの構造をふまえた管理が必要

● マンションの防犯対策

　マンションの防犯対策としては防犯カメラの設置やドアの鍵の交換、窓の交換などが考えられます。手続きや費用の負担については、防犯対策を施す箇所が共用部分か専有部分かによって違います。その箇所が共用か専有かの判断は、建物の構造あるいは管理規約に基づいて決まります。ここでは標準管理規約に沿って説明します。まず、手続きですが、専有部分であれば各区分所有者が自分の判断で行うことができます。一方、共用部分に防犯対策をすることは多くの場合「改良」にあたり、総会を開いて普通決議をすれば行うことができます。費用負担は、専有部分の場合は各区分所有者の自己負担、共用部分は区分所有者が持分の割合に従って分担します。

　具体的には、たとえば玄関ドアの場合、ドアは共用部分、鍵の部分は専有部分になります。そこで、鍵をただ取り替えるだけであれば各区分所有者が個人的に行うことができますが、ダブルロックにするなどドアにも改良を加える場合であれば、一軒のドアのみの工事でも総会の決議が必要ということになります。また、防犯カメラなどを共用部分に設置する際に、特定の住民が不利益を被ることになる（居室内が映ってしまうなど）場合はその住民の承諾を得なければなりません。

　窓ガラスも共用部分ですから、勝手に窓枠ごと取り替えたり、ガラスを特殊加工のものに交換するときは総会の決議が必要になります。なお、割れた窓ガラスを新しいものと取り換えることは「改良」ではありませんので、各区分所有者が行うことができます。

● 警備員の配置

　マンションでの防犯対策としては、警備員を配置するという方法があります。警備員を配置する場合には人件費がかかりますが、だからといって人件費をむやみに安くしようとすると、警備員の人数が不足することで防犯体制に穴が開いてしまう可能性があります。そのため、マンションのセキュリティの確保とその費用のバランスを考えることが必要になります。

　警備員を配置する場合には、どのような時間帯に配置するかということを検討することが必要です。たとえば、繁華街に近いマンションであれば、24時間常駐の警備員を確保することによりセキュリティの強化につながります。しかし、通常の住宅街の中にあるマンションであれば、昼間は管理員のみにマンションの管理をまかせ、夜間のみ警備員を配置するという体制をとることも考える必要があります。

　また、監視カメラの設置もマンションのセキュリティ確保のために有効な手段です。通常、監視カメラを設置する場合には、監視カメラからは離れた場所にある装置で画像を録画するための通信回線が必要になるため、多額の費用がかかります。しかし、近年では、赤外線センサーや内蔵されたメモリー機能を備えることで、配線が不要な監視カメラが開発されています。これらのカメラを用いることができれば、通信回線を設置するための費用を支出する必要がなくなります。

■ マンション管理のためのさまざまな対策

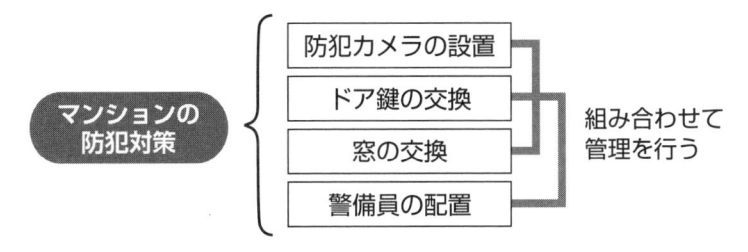

```
                    ┌ 防犯カメラの設置 ┐
                    │ ドア鍵の交換   │ 組み合わせて
マンションの防犯対策 ┤ 窓の交換     ├ 管理を行う
                    │ 警備員の配置   │
                    └          ┘
```

第5章　マンションの管理状況・住環境・欠陥トラブルの知識　199

最終的には、警備員や監視カメラといった手段を組み合わせて、マンションの防犯体制を確立します。

● 複合型マンションの管理

建物の一部に事務所や店舗などが入っている分譲マンション（複合型マンション）の場合、店舗や事務所として専有部分を使用する入居者と、住居として使用する入居者とでは、共用部分の使用方法や使用する範囲がかなり違ってきます。共用部分の管理費について「専有部分の面積」だけを基準に分担するとしたのでは入居者間で争いが起こる可能性があります。そこで、マンションの構造や利用状況を考慮して双方が納得できる規定を作成する必要があります。

まず、共用部分を「区分所有者全員で使用する部分」と「店舗等の入居者のみ」「住居入居者のみ」が使用する一部共用部分にできるだけ明確に分けます。店舗来客者用の駐車場など共用部分の中にどちらかの専有に近い状態で使用する部分がある場合には、「専用使用権」を設定することも必要です。これらの分類に基づいて管理費を決めていきます。

全員で使用する部分については原則として専有部分の床面積に応じた持分で管理費を分担します。

一方、それぞれの共用部分について、区分所有法では共用すべき区分所有者の共有とし、管理については原則として共用すべき区分所有者が行うように規定しています。

しかし、現実には全員で使用する部分なのか、一部共用部分かがはっきりしない場所もあります。このため、区分所有者全員の利害に関係するものおよび全体の規約に定めのあるものは全員で管理することができるとされています。そして、区分所有者全員の利害には関係せず、かつ全体の規約にも定めがない事項については一部の区分所有者のみで管理することになります（区分所有法16条）。

15 騒音トラブルについて知っておこう

トラブルを回避するためには、住戸の床や壁の厚さにこだわる等の工夫が必要

● マンションやアパートの隣室からの騒音に悩まされている場合

　マンションやアパートは壁を隔ててすぐ隣家ですから、住民は近所に迷惑をかけないように騒音等を出さないという賃貸借契約や信義則上の義務を負っていると考えられます。そのため、隣室の騒音で悩まされている場合には、基本的には家主や不動産会社に相談して、騒音などを出すことを止めるよう働きかけることになるでしょう。もっとも、家主や不動産会社が協力しない場合には、損害賠償を求めることが可能になる場合があります。

　しかし、マンションやアパートなど集合住宅では、受忍限度が広いと理解されているため、損害賠償請求は最後の手段といえ、しかも賠償額も小さくなると言われています。そのため、子どものぜんそくを改善するために床をフローリングにしたことによって騒音が生じていると主張しても、受忍限度の範囲内であると判断される場合が多いでしょう。また、隣家の冷蔵庫のコンプレッサーなどから生じる騒音は、低周波騒音と呼ばれていますが、この場合も騒音を専門機関などが測定することで、受忍限度を超えているかどうか判断することになります。

● 騒音についての対策とは

　マンションの騒音トラブルのおもなものとして、上階からの騒音等が挙げられます。とくに気にならないという人もいれば、いったん気になってしまう人にとっては、夜も眠れない程の大問題にまで発展するおそれがあります。上階からの騒音の場合の原因は、現在のマン

ションの多くが、床にフローリングが採用されていることが影響しています。そこで、マンションの騒音対策のためには、マンションの構造等をふまえた上で、さまざまな留意すべきポイントがあります。

まず、当然のことですが、床や壁の厚さが一定程度あれば、騒音トラブルは生じにくいといえます。したがって、まずマンションの床や壁の厚さを確認することが重要です。

また、マンションの立地自体が騒音トラブルの原因になっている場合もあります。つまり、マンションが大きな公園や学校等の公共施設の近所にある場合には、それだけ多くの人がマンション周辺を行き交うことになるため、外からの騒音は大変なものになる場合があります。そこで、マンション購入以前に、周囲の環境を確かめておく必要があります。その上で、騒音トラブルが起きやすい環境に、マンションがある場合には、そもそもマンションの購入自体を考え直すことも考えられます。さらに、騒音トラブルのもとになりそうな、マンションの周囲の環境について、あらかじめ知っておく機会を得ておくことで、前述のように壁等を厚く工夫することで、未然に防ぐことができる場合があります。

■ 受忍限定との兼ね合いで賠償責任の有無が決まる

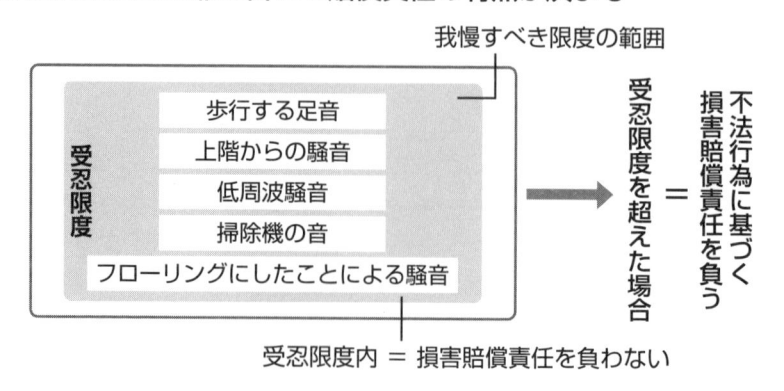

我慢すべき限度の範囲

受忍限度
- 歩行する足音
- 上階からの騒音
- 低周波騒音
- 掃除機の音
- フローリングにしたことによる騒音

受忍限度を超えた場合 ＝ 不法行為に基づく損害賠償責任を負う

受忍限度内 ＝ 損害賠償責任を負わない

16 指定確認検査機関について知っておこう

民間の株式会社が検査を行うことができる

● 建築する際の検査が重要

　不動産の購入において、安さばかりを追求するのは危険です。

　なぜなら、もし購入したマンションが安いだけの欠陥マンションだった場合、地震による建物崩壊により、生命が失われるという最悪の事態がもたらされるからです。購入の際には値段だけではなく、生活の拠点となるという視点を忘れずに選択することが大切です。

　欠陥マンションを購入しないように設計書のチェックや入念な地盤調査を行うことは意味のあることです。

　ただ、そもそも欠陥マンションが建築されること自体おかしな話です。しっかりした検査がなされ欠陥マンションが建築されないのであればそれに越したことはありません。そこでマンションを建築する過程での検査制度の確立が重要な要請になります。マンションなど建物を建築する際に必要となる確認・検査の申請は、かつては、都道府県や市町村に置かれる建築主事のみが受け付けていました。ただ、膨大な確認申請を受理・審査することは建築主事にも負担であり、現在では、国土交通大臣や都道府県知事から指定された民間の株式会社など（指定確認検査機関）が行うことも可能になっています。

● 指定確認検査機関の業務・権限は

　指定確認検査機関といっても、すべての建築物について検査できるわけではなく、地域的範囲や対象となる建築物の規模について制限が加えられています。つまり、建築申請をする場合、どの指定確認検査機関に申請すればよいか、あらかじめ調査しておく必要があります。

第5章　マンションの管理状況・住環境・欠陥トラブルの知識

なお、指定確認検査機関の一覧・業務区域等については、(財)建築行政情報センター(連絡先：03-5225-7701)のホームページ(http://www.icba.or.jp/j/ken/siteikikan.htm)で確認することができます。

検査の結果、問題がないと判断されると、建築が可能になります。

● **制度に問題点もある**

指定確認検査機関を利用した検査制度には、問題点も指摘されています。たとえば、指定確認検査機関はいわゆる「民間の検査機関」であるため、建築業者とのなれあいが生じる可能性があります。その結果、本来ならば建築主事が行っていればまず通らないはずの申請が通ってしまうなどの検査構造における問題が発生するケースが考えられます。

そのため、ただ単に検査機関の検査結果を鵜のみにするのではなく、あくまでも参考程度に確認を行います。その上でマンション購入予定者は、わかる範囲でドアやエレベーターに耐震システムが備えられているかを確認するなど、自身の身を守る対策を入念に行うことが重要です。

■ **指定確認検査機関のしくみ**

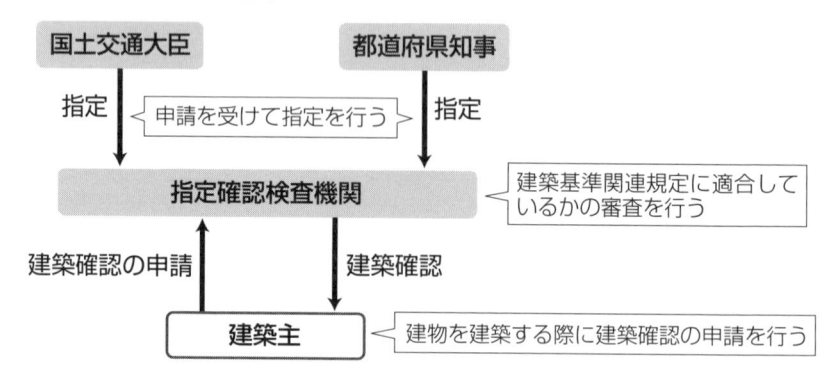

```
    国土交通大臣              都道府県知事
        │                        │
       指定  ─<申請を受けて指定を行う>─  指定
        │                        │
        ▼                        ▼
        ┌──────────────────────────┐
        │      指定確認検査機関       │ ─< 建築基準関連規定に適合して
        └──────────────────────────┘    いるかの審査を行う
         ▲                    │
   建築確認の申請          建築確認
         │                    ▼
              ┌──────────┐
              │  建築主  │ ─< 建物を建築する際に建築確認の申請を行う
              └──────────┘
```

17 マンション購入後欠陥が見つかった場合にはどうする

買主を保護するさまざまな制度がある

● 発覚した欠陥に対応してもらえるのか

　購入した新築マンションに、雨漏りやひび割れなどの欠陥があった場合、一定期間内であれば売主側に無料で修理してもらったり、損害賠償を請求することができます。これを（売主の）**瑕疵担保責任**といいます。新築マンションの場合、構造耐力上主要な部分（耐震性や耐久性などにとって重要な部分である基礎・柱等）や屋根等の雨水の浸入を防止する部分（両者を合わせて「基本構造」といいます）の欠陥については、**住宅の品質確保の促進等に関する法律**により、10年間の瑕疵担保期間が義務付けられています。引渡しから10年以内に生じた基本構造上の欠陥であれば、買主は売主に対して修補請求や損害賠償請求をすることができ、補修不能等の場合には契約を解除することができるのです。また、基本構造以外の部分についても、通常の点検で発見できないような欠陥（隠れた瑕疵）であれば、民法上、瑕疵の発見から1年以内であれば同様の請求をすることができると規定されています。ただし民法上の規定は売主に大きな負担を強いるものであることから、宅地建物取引業法は、瑕疵担保期間を「引渡しから2年以上」とする特約を設けることを認めています。そのため基本構造以外の欠陥については、引渡しから2年以内の欠陥について、修補請求等を行うことができるのが一般的です。

　なお、これ以外の欠陥については売主がサービスとして行う「アフターサービス」を利用して、修補請求ができる場合があります。マンション購入時にはアフターサービス制度の有無やその内容について、しっかりと確認するようにしましょう。

● 欠陥の発覚と瑕疵担保責任の追及

　代金の支払いと引渡しが済むと同時に法務局に登記の申請をします。マンションの場合、建物についての表示登記は不動産販売会社が行うことになりますので、買主は新築であっても所有権の登記だけを申請すればよいことになります。契約時にマンションが未完成のときは、引渡しを受けてから契約書に添付されている設計図と比較して相違ないかどうかについて検査しますが、入居時点でわからなくても、しばらく経ってから欠陥が発見されることがよくあります。通常の売買契約であれば、民法の規定によって、売主は欠陥の発見後1年以内は瑕疵担保責任を負います。建物の建築業者だけでなく、売主もこの責任を負うのです。

　不動産で瑕疵とされるものには物理的欠陥、法律的欠陥、心理的欠陥、環境的欠陥の4種類があります。取引をした不動産に瑕疵があると、売主が責任を問われ、補修や損害賠償を請求されるのです。瑕疵のために不動産が予定どおりに使用できない場合には、契約解除を求められることもあります。

　瑕疵責任を問われる期間は、建築物や契約によって異なります。トラブルが起き、訴訟になってしまうと、時間やお金をムダに費やすことになり、精神的にも辛くなります。そういった事態を避けるためには、売るときにも、買うとき同様慎重に物件や物件周囲の状況について十分調査することが必要です。

● その他に買主保護のための制度はないのか

　現地の見学や契約書のチェックなどで注意していても、購入した不動産をめぐってトラブルに見舞われることがあります。どのようにすればトラブルに対処できるかについて以下に説明していきましょう。

① 　クーリング・オフの活用
　クーリング・オフとは、早まって契約して後悔した場合などに書

面による通知で申込みの撤回や売買契約の解除ができる制度のことです。撤回や解除ができる期間は、契約の内容や、申込みの撤回、契約の解除ができることなどが書かれた書面を受領した日から8日以内です。クーリング・オフの期間について注意すべきことは、撤回や解除ができることを告げられていなかったときは、申込日や契約日から8日を過ぎていても撤回・解除ができるということです。

クーリング・オフは消費者を保護するために定められている制度ですが、これはマンション購入の際にももちろん適用されます（不動産については売主が宅地建物取引業者で、買主が個人の場合に限ります）。何となく雰囲気に巻き込まれて住宅購入の契約をしてしまったものの後からよく考えて契約を解除したくなったような場合には、8日以内であればクーリング・オフを適用することができます。

もっとも、すべての不動産取引がクーリング・オフできるわけではなく、不動産については売主が宅地建物取引業者で、買主が個人の場合に限ります。たとえば、新築・増改築工事の請負契約等には、クーリング・オフを利用することはできません。

② **手付金等保全措置**

仮に、登記の前に売主の業者が倒産してしまったような場合には、買主は所有権も主張できず、支払った前金も当然には戻ってこないということになり、非常に不利な立場に置かれます。

そのため、手付金などの内金全額について、銀行などの金融機関の保証を得て、その保証書を買主に交付するといった手付金等保全措置制度があります。

③ **営業保証金制度**

買主保護のための制度として、宅建業者が買主に賠償金を払うことになった場合に備えてあらかじめ金銭を蓄えておく、営業保証金の制度があります。

④ **住宅性能表示制度**

住宅性能表示制度は、専門家によって作成された住宅性能評価書を添付することによって、買主の保護を図る制度です。新築・中古のどちらでも、この制度を利用することができます。マンションの場合は、住戸ごとの評価と建物全体の評価の両方が必要になります。買主としては、この評価書に記載された具体的な性能を信頼して取引できるわけです。

　この制度を利用すると、登録住宅性能評価機関が構造の安定性・火災時の安全性といった住宅の品質を鑑定してもらえるので、後のトラブル防止のために役立ちます。表示制度を利用したい場合には登録住宅性能評価機関に申請することになります。評価機関については以下の連絡先より詳細な情報が得られます。

　団体名：一般社団法人住宅性能評価・表示協会
　連絡先：03-5229-7440
　http://www.hyoukakyoukai.or.jp/index.php

　なお、性能評価は、各マンションの比較を容易にするために、さまざまな項目を数値化することが目的で行われます。実際の性能評価書をみてみると、物件ごとの性能レベルが等級で評価されています。そのため、評価書があるからといって、必ずしも性能がよいことを保証しているわけではないということに注意が必要です。

■「住宅の品質確保の促進等に関する法律」の内容 …………

1 新築建物の主要構造部分 → 10年間の品質保証（瑕疵担保責任）

2 住宅性能表示制度
　住宅性能評価証明書の発行（有料） → 指定住宅紛争処理機関によるあっせん・調停・仲裁

● 特定住宅瑕疵担保責任履行確保法による欠陥住宅補償

　建物を建てる際には、都道府県などに置かれる建築主事または民間の指定確認検査機関による建築確認が必要です。しかし、民間の検査機関と業者がなれ合ってしまうと、本来、建築主事が行っていれば通らないはずの検査が通ってしまうなど、その建築確認の精度に問題が生じてしまうおそれがあります。建築確認の精度に問題があり、建物の欠陥が見落とされてしまった場合、買主は非常に多くの損害を被ることになります。また、いくら売主の業者が担保責任を負うという定めがあったところで、肝心の業者が倒産してしまうと補償が実行されず、購入者が泣き寝入りせざるを得ないことになってしまいます。

　こうした問題に対処するため、「特定住宅瑕疵担保責任の履行の確保等に関する法律」は、新築の分譲マンションの販売業者などに欠陥補償のための保険加入または保証金の供託を義務付けています。

　たとえば、保険加入していた販売業者が、欠陥発覚後に倒産したとしても下図のように保険金支払いや補修・建て替えが行われます。

■ 欠陥住宅補償制度のしくみ

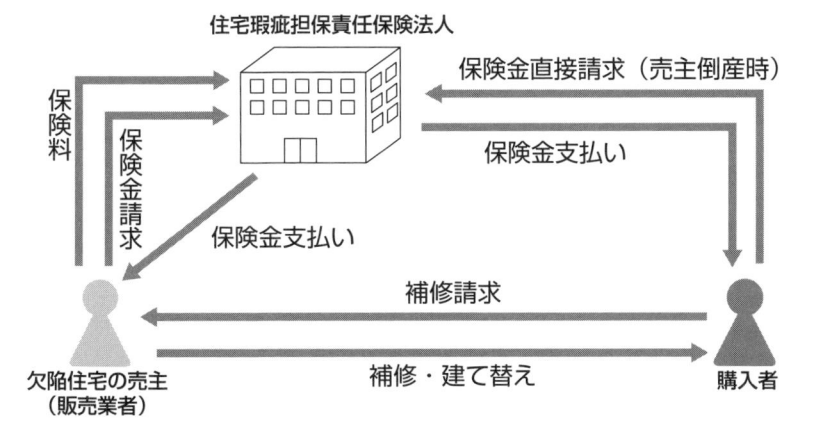

住宅瑕疵担保責任保険法人

- 欠陥住宅の売主（販売業者） → 保険料 → 住宅瑕疵担保責任保険法人
- 欠陥住宅の売主（販売業者） → 保険金請求 → 住宅瑕疵担保責任保険法人
- 住宅瑕疵担保責任保険法人 → 保険金支払い → 欠陥住宅の売主（販売業者）
- 購入者 → 保険金直接請求（売主倒産時） → 住宅瑕疵担保責任保険法人
- 住宅瑕疵担保責任保険法人 → 保険金支払い → 購入者
- 購入者 → 補修請求 → 欠陥住宅の売主（販売業者）
- 欠陥住宅の売主（販売業者） → 補修・建て替え → 購入者

つまり後々欠陥が発覚した時に備えて資金をあらかじめキープしておくので、もしもの事態が生じても被害者は泣き寝入りすることなく保険金を受けとれることになります。

今後マンションを買う消費者としては、別の建築士に設計図を見てもらうなど、自衛措置を講ずることも考えるべきでしょう。

● 中古マンションの引渡しが現況（現状）有姿とされている場合

不動産取引において、契約締結時から引渡しまでの間に補修箇所が発生するなど、契約時の不動産の状況と、引渡し時の不動産の状況とが異なる場合があります。この場合、契約書に「現況有姿のまま引き渡す」などと記載されていれば、売主は補修箇所を修繕することなく、引渡し時の状況のままで買主に不動産を引き渡せば、売主の義務は果たしたことになります。ただし、この「現況有姿」という文言のみが記載されていることをもって、直ちに売主の担保責任が免除されたわけではないことに注意が必要です。

中古マンションの場合、売主が宅地宅建業者でない限り、不動産に隠れた瑕疵があった場合に売主側が修繕義務を負うとする瑕疵担保責任を免除することができます。売買契約書に瑕疵担保責任を免除する旨の記載があれば、購入後に雨漏りなどによる被害を発見したとしても、売主に修繕を要求することができなくなります。

ただし、単に「現況有姿」などの文言のみが記載されている場合には、買主は売主に対して修補請求や損害賠償請求をすることができます。なぜなら、**現況有姿**というのは、引渡しまでに目的物の状況に変化があっても、引渡し時の状況のままで引き渡せばよいという趣旨であって、売主が瑕疵担保責任を免れることを認める趣旨ではないからです。なお、仲介業者が建物の瑕疵を知っていたのであれば、仲介業者に対しても重要事項の説明義務違反を理由として、責任を追及することができます。

18 欠陥住宅・マンションの被害にあったらまず何をする

専門家に鑑定を依頼して冷静に対処する

◉ 欠陥住宅をつかまない方法とは

　購入したマンションに重大な欠陥があるということになると人生設計が大幅に狂わされることになります。

　しかし、そのために被害者が責任を追及しようにも、実質的には泣き寝入りという結果になってしまうケースが多いようです。一番よいのは、事前にチェックすべきところはチェックしておいて、欠陥住宅をつかまないようにしておくことです。まずは、しっかりとした業者を選ぶことです。そのために、会社の規模・実績・評判や業者の人柄を観察することが大切になります。

◉ 欠陥住宅をつかんでしまったら

　購入した住宅に問題があった場合、まずは証拠を確保しつつ、専門家に鑑定を依頼します。何か不具合が生じても、それが何に起因するのか、修復可能なのか、業者にどの程度の責任があるのか、といった点を専門家の視点から鑑定してもらうのです。そして、鑑定書を作成してもらってから、業者と交渉します。

　しかし、悪質な業者だと、何だかんだと言い訳をして責任を回避します。そのような場合には、弁護士と相談して訴訟を提起します。

　ただ、その前に行政に相談して指導・調停をしてもらうことで、簡易かつ安価にトラブルが解決できることもあります。

◉ 問題があるときは専門家に相談する方法もある

　専門家による鑑定が必要であると前述しましたが、専門家とは建

築士や欠陥住宅問題に取り組んでいるNPO法人などです。消費者が感情的になって苦情だけを言っても、相手の方が知識が豊富であるため、専門用語を並べたてられて煙にまかれてしまいます。専門家による鑑定書を用意した上で交渉する方が効果的です。

鑑定書には、「どんな欠陥があるのか」「どのような補修が必要か」「いくらかかるのか」といったことが記載されます。訴訟提起の段階では、訴状にもこれらの事項が記載されます。

なお、訴訟になった時でも、証人として出廷し証言してくれる建築士なら信用できますが、それを拒絶する建築士は避けた方が無難です。

● 業者とのやりとりは書面でする

鑑定書を突きつけたとしても、言葉巧みに逃げる業者もいます。言った言わないの世界にならないように、やりとりを書面や録音などの方法で残しておきましょう。

■ 欠陥住宅被害への対策

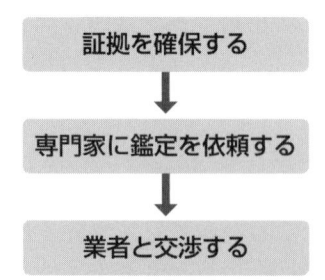

証拠を確保する	・契約書などの関係書類をそろえる ・欠陥部分の写真を集める
専門家に鑑定を依頼する	・欠陥住宅問題に精通する人・団体に依頼（建築士やＮＰＯ法人など） ・鑑定書を作成してもらう
業者と交渉する	・鑑定書をもとに、修復作業や費用負担などについて話し合う

【業者が交渉に応じない場合】
・行政に相談する（指導や調停が行われる場合がある）
・弁護士に相談する（訴訟を提起する）

第6章

マンションの売却・買い替え・リフォームの知識

1 不動産を売る場合の常識をおさえておこう

代金支払いと所有権移転は同時に行う

● どんな点に注意すればよいのか

　不動産の売却は多くの人にとって日常的なことではありません。しかし、不動産を所有している人であれば、住み替えのためや、資金作りのためなどで、いずれは不動産の売却をする可能性があります。

　不動産を売るときには、買うときと同様、信頼できる仲介業者を選ぶことが何よりも大切です。また、売るときならではの注意点としては、以下のようなことが挙げられます。

① マンション等の建物の引渡しや所有権移転登記は、現金の受取りと同時、もしくはそれより後で行うこと

　買主が、代金の支払いが完了する前にマンションの引渡し（引っ越しさせてほしい、リフォームさせてほしいなども同様）や、所有権移転登記を求めてくることがあるかもしれません。しかし、どのような事情を説明されたとしても、所有権の移転は代金の支払いと同時に行わなければなりません。「相手が信頼できそうだから」と先に所有権の移転登記を行ってしまうと、支払が滞った場合、トラブルになります。

　手形や小切手による取引も避けなければなりません。手形や小切手が現金化できるかどうかは、不明確だからです。

　ただし、銀行の支店長振出しの小切手は預手（預金小切手の略語）といい、額面に記載する金額を銀行に預金した上で、小切手の交付を受けるものなので、不渡りの懸念がなく現金と同等に扱われます。それでも預手で支払いを受けた場合には、必ずその場で振り出し、銀行に電話を入れて、「振出し確認」をお願いするようにしましょう。不

動産取引の場合、金額が大きいので、振出し確認をするのは常識的なことで、失礼などと躊躇する必要はありません。銀行側も快く応じてくれます。

② **買主がローンを利用することに伴う手続きを知っておくこと**

不動産を売る場合、買主はローンを利用する場合が多いでしょう。買主が銀行のローンを利用する場合には、購入する不動産が担保となります。買主が銀行に融資を依頼すると、銀行から依頼された司法書士が、売主の印鑑証明、実印、委任状を見て、所有権の移転登記が確実にできるかを確認します。確認がとれた段階で、銀行は融資を実行し、売主の口座へ手付金を除いた残りの代金が振り込まれます。

決済完了が確認されると、司法書士は法務局に出向いて移転登記の手続きを行います。

これらの手続きは通常、融資をする銀行の支店に関係者（売主、売主側の仲介業者、買主、買主側の仲介業者、司法書士、銀行の担当者）が集まり、1日で行われます。

◉ **瑕疵担保責任について**

不動産の取引において、売主には瑕疵担保責任があります。取引

■ **不動産を売るときの注意点**

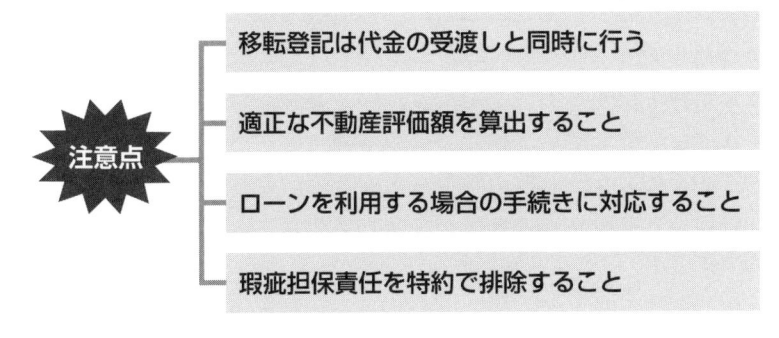

注意点
- 移転登記は代金の受渡しと同時に行う
- 適正な不動産評価額を算出すること
- ローンを利用する場合の手続きに対応すること
- 瑕疵担保責任を特約で排除すること

をした不動産に瑕疵があると、売主が責任を問われ、補修や損害賠償を請求されるのです。

瑕疵責任を問われる期間は、建築物や契約によって異なります。売主が業者であれば、最低2年間は瑕疵責任を問われますが、個人が売主の場合、特約で自由に期間や免責事項を設定できます。契約で期間を定めなかった場合には、入居者が瑕疵に気づいて1年以内かつ入居から10年以内は瑕疵責任を負うことになります。

入居後にどんどんクレームをつけられてしまう事態を避けるため、個人間の取引では一般的に2か月程度の瑕疵責任期間を特約で設定します。ただし、売主が瑕疵に気づいていながら説明を避け、故意に（わざと）隠して販売した場合には、特約は無効となります。

ただし、売主の負う瑕疵担保責任については、あらかじめ対処することも可能です。たとえば、中古マンションは傷んでいるかもしれないので、売却の際にはトラブルを防止するために、売買契約書には、「本物件に隠れた瑕疵（欠陥）があっても、売主としては一切の責任を負わない」という旨の特約を結んでおきます。

ただ、重大な瑕疵があることを売主が知っていたにもかかわらず、買主に伝えなかった場合は、特約を結んでいた場合であっても責任を免れることができませんので注意が必要です。

● 不動産の適正な評価額は

不動産の適正な評価額は素人にはわからないものです。仲介業者に仲介業務を依頼している場合は、仲介業者が判断した査定額を参考にすればよいのですが、自分で決める場合は、不動産鑑定士に依頼して適正な不動産評価額を出してもらうとよいでしょう。その上で、その評価額より多少高めの価額を設定して売りに出すのが一般的です。

2 買い替えについて知っておこう

売り買いのタイミングを慎重に選ぶ

● 買い替えは不動産会社への説明も大変

　マンションの買主が、買い替えを希望している場合、不動産会社への説明に関して苦労する場合があります。なぜなら、不動産会社は、一般に買い替え客を敬遠する傾向にあるからです。買い替えでは、はじめから「現在のマンションが売却できた資金で新しいマンションを購入する」という条件がつきます。現在のマンションが売却できなければ、新しいマンションの契約は白紙に戻るおそれがあります。そこで、買い替えを希望する場合には、現在のマンションの売却手続きの進捗状況などに関して、説明方法を工夫しなければ、不動産会社から敬遠されてしまうため、注意が必要です。

● 元のマンションの査定について

　現在住んでいるマンションの売値は、どのように決定されるのでしょうか。まず、不動産の仲介会社に行き、査定を受ける必要があります。ただし、ここで出される査定価格は、対象のマンションが、査定時から１か月以内に売却することができる金額です。つまり、買い替えのために急いで元のマンションの査定を行ってしまうと、現在の生活感が残った、中古らしいマンションの姿で評価を受けるため、査定額が低く抑えられるおそれがあります。そのため、査定額を高めるためには、計画的に買い替えを行う時期を見定めて、少々の費用を費やして、簡単なリフォームを行い、高い査定額を受けられるように準備することが重要です。

● どんなことに気をつければよいのか

買い替えの際には、以下の点に気をつけるようにしましょう。

① **売るのが先か、買うのが先か**

現在住んでいるマンションを買い替える場合には、売る時期と買う時期をどうするかが問題になります。

たしかに、新居が決まらないうちに売ってしまうと、売買契約書に記載した引渡し日に引っ越しを完了させるため、やむを得ず一時賃貸や実家などに入居することになります。そのため、マンションを売却した代金で新しいマンションを購入することを前提に、新しいマンションの購入を先に行おうとする人もいるでしょう。

しかし、新居の購入が先だと、売りに出した元のマンションの買い手がなかなか決まらなかった場合、売却して得たお金をローンの完済に充てるつもりでいると困ったことになります。仕方なく価格を下げて売るケースも生じます。前述のように、はじめから売却ができた場合に、新しいマンションを購入するという条件付きの買主は、不動産会社にとって敬遠すべき顧客ということになってしまいます。そのため、不動産会社にとって、普通の購入の顧客と変わらず、しかも、あらかじめ売却先が決定し、具体的な売値が判明しており、新しいマンションの購入を現実的に進めることができる状態である売却を先に行うという方針で、買い替えを進める方がよいでしょう。そして、この場合には、新居が決定するまでの間の仮住まいの費用が必要になりますが、元のマンションの売却を先に行うことで、買い替えを成功させるもっとも重要なポイントである、元のマンションをいかに高値で売却することができるかという点に、主眼を置くことができるという利点があります。

② **資金計画の立て方**

売却と購入どちらを先行させるにしても、まず現在の住まいをきっちり査定して、資金計画を練ることが大切です。住み替えを考えたと

き、多くのケースでは、元のマンションのローンがまだ残っていて、マンションはそのローンの担保になっているという状態からのスタートになるでしょう。マンションを売り渡すためには、元のローンを完済しなければなりません。自己資金でローンを完済できれば、担保を抹消でき、問題なくマンションを売却できます。それが難しい場合には、売却が決まってから、手付金や内金を使って返済したり、売却した代金を使って返済することになります。たいていは、購入する側もローンを組むはずですから、売却した代金を使う場合には、売主の担保を抹消した上で、買主のローンの担保に入れるという手続きを行わなければなりません。若干複雑な手続きとなります。

地価の値下がりなどのために、売却してもローンが完済できないいわゆる担保割れの状態になることもあります。そのような場合には、新居購入に必要な費用に加え、ローン残額の融資も受けられる「買い替えローン」を扱っている金融機関に相談するとよいでしょう。

購入できる新居の予算は、［自己資金＋査定額＋（新規借り入れ可能額）］－［ローン残額＋売買にかかる諸費用］でおおむね計算できます。

■ 不動産の売買にかかる諸費用

	内　容
売却時	印紙代、仲介手数料、ローン繰り上げ完済手数料、抵当権抹消にかかる登録免許税・報酬、売却益があった場合は所得税（逆に損失があれば、所得税や住民税が軽減されることがあります）
購入時	印紙代、仲介手数料、事務手数料、保証協会保証料、火災保険料、ローン代行手数料、抵当権設定にかかる登録免許税・報酬、購入物件の所有権移転登記にかかる登録免許税、不動産取得税
その他	仮住まい費用、引っ越し費用

3 家を売ったときも税金がかかる

売却時の所得には所得税がかかる

● どんな税金がかかるのか

マンションを売ったときにも、税金がかかります。売却をすれば、所得を得ることになりますから、その所得に所得税がかかるのです。

課税は所得に対して行われますから、売却金額からその物件を取得するのに必要とした費用、売却のために使った費用を差し引いた金額が実際の課税対象になります。

税率は、物件の所有期間によって変わります。所有期間が5年以下であれば、短期譲渡所得といって、税率は所得税と住民税を合わせて39.63%、5年を超えていれば、長期譲渡所得といって、20.315%となります。手続きは、税務署から確定申告書が送付されますので、それに記入し、必要書類を用意して申告に行きます。

● 3000万円の特別控除がある

「譲渡収入−（取得費＋譲渡費用）＝譲渡益」の算式でマンションを売却した得た利益（譲渡益）を求め、さらにこの譲渡益から、租税特別措置法などによる特別控除額を控除した残額が譲渡所得です。

譲渡益については所得税を納めることが必要ですが、税額を減らす特別な税金控除があります。自分が住んでいる建物（マイホーム）や土地を売った場合は、譲渡益から3000万円までが控除されるのです。つまり、マイホームを売却して得た利益が3000万円以下であれば、税金がかからないわけです。また、居住用財産の軽減税率の特例というのですが、マイホームや土地の譲渡益が3000万円以上であったとしても、物件の所有期間が10年を超えている場合には、3000万円を超える

課税部分に対してかかる税率が軽減されます。

　なお、マンションの取得費は、所有期間中の減価償却費相当額を差し引いて計算します。実際の取得費が譲渡価額の5％よりも少ないときは、譲渡価額の5％を取得費とすることができます。譲渡費用とは、売買契約書の印紙代、仲介手数料など、マンションを売るために支出した費用のことです。

● 買い替えと税金

　自分の住んでいる家を売って、そのお金で別の家を買う場合、ある一定の条件で、売却した年の税金が免除される特例があります。これを**買い替え特例**といいます。マイホームとして売る家・買う家は、戸建て・マンションのどちらであっても、この制度の対象になります。

　家を売却したときに、購入したときの値段よりも高い値段で売ることができた場合、その差額は譲渡益となります。通常は、その利益について税金を納める必要があります。しかし、この特例を受けた場合、新しく買った家の値段が、前に住んでいた家の売却額と同じか、高い場合には、売却で得た譲渡益（所得）には税金がかからなくなります（買い替え後の家の価格の方が安い場合には、差額について所得税がかかります）。ただし、買い替え特例を適用して購入した家を、再度買い替えるときには、その再度の買い替え分の税金と併せて、特例で免除された税金も徴収されます。つまり、正確には、税金の免除ではなく、次の買い替え時まで課税を繰り延べる制度となっています。

　この買い替え特例は、前述した3000万円の特別控除や3000万円を超える課税部分の軽減税率の特例と併用することはできません。どちらかを選択して、適用を受けることになります。

● 長期譲渡所得の計算例

　ここでは、例を使って長期譲渡所得の税額を計算してみましょう。

(例) 8年前に購入したマンションの譲渡価額が1億円、マンションの取得費（減価償却費相当額を控除した後の額）が3500万円、譲渡費用（仲介手数料など）が200万円の場合

　税額は、「課税長期譲渡所得金額×15％（その他、住民税5％：および平成49年までは復興特別所得税として所得税の2.1％）」により計算します。

① 課税長期譲渡所得金額の計算
　　1億－3500万円－200万円＝6300万円
② 税額の計算
ア　所得税
　　6300万円×15％＝945万円
イ　復興特別所得税
　　945万円×2.1％＝19万8450円

■ 売却した不動産にかかる譲渡税（原則）

所得期間　短期	所得期間　長期	
5年以下	5年超10年以下	10年超
※3,000万円特別控除あり 税率39.63%　(所得税　30%／復興特別所得税　0.63%／住民税　9%)	※3,000万円特別控除あり 税率20.315%　(所得税　15%／復興特別所得税　0.315%／住民税　5%)	※3,000万円特別控除あり　譲渡所得6000万円までは税率14.21%　(所得税　10%／復興特別所得税　0.21%／住民税　4%)　譲渡所得6000万円超は税率20.315%　(所得税　15%／復興特別所得税　0.315%／住民税　5%)

ウ　住民税
　6300万円×5％＝315万円
エ　税額合計
　ア＋イ＋ウ＝1279万8450円

　なお、マンションを売った場合で、一定の要件に当てはまるときは、長期譲渡所得の税額を通常の場合よりも低い税率で計算する軽減税率の特例を受けることができます。
　短期譲渡所得の税額については、計算が複雑ですので、随時、税務署などに相談してみてください。

◉ 住民税が増える

　住民税の計算は、特別の定めがあるものを除き、所得税の計算を基礎として計算されます。したがって、マンションの譲渡益により所得税額が増加した場合には、住民税も増加することになります。

◉ 売却契約時に印紙税がかかる

　土地や建物を売った場合に作成される不動産売買契約書には、売買代金に応じた印紙税を納付しなければなりません。不動産売買契約書については、売主・買主双方で契約書を作成し、保存する場合にはそれぞれの契約書が課税文書に該当しますので、それぞれの契約書に印紙の貼付が必要になります。

■ 不動産売却時の税金

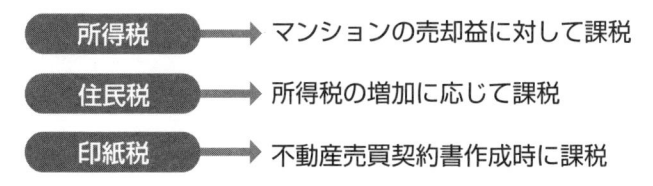

- 所得税 → マンションの売却益に対して課税
- 住民税 → 所得税の増加に応じて課税
- 印紙税 → 不動産売買契約書作成時に課税

4 リフォームについて知っておこう

マンションリフォームならではの注意点がある

● リフォームでトラブルを避けるためのポイント

マンションをリフォームするときには、そのリフォームが可能であるかどうかの入念な確認が欠かせません。マンションには戸建てと比べてさまざまな制約があるからです。

リフォームができるのは専有部分に限られますから、玄関ドアやベランダなどの共用部分を勝手に変えることはできません。また、床については、マンション管理規約に防音規定が定められており、じゅうたんからフローリングに変更することが禁止されている場合もあります。ルールに違反するようなリフォームを進めた場合、工事停止や原状回復命令を受けることがありますので、細心の注意を払いましょう。

また、工事中の音やほこりが近隣トラブルに発展するケースもありますので、工事前のあいさつ回りや工事時間の厳守も重要です。

● 標準管理規約をチェックしてみる

標準管理規約には、区分所有者はマンションの専有部分の修繕や模様替えをする場合には、あらかじめ理事長に申請して修繕することの承認を得なければならないと規定されています。つまり、リフォームをする場合には、理事長の承認を得る必要があります。

また、標準管理規約によると、修繕や模様替えをする場合には、設計図や工程表も理事長に提出しなければならないことが規定されています。リフォームをする際には、実際にどのような工事をするかを記載した図面や、工程表を理事長に提出します。ただし、これは標準管理規約に記載されていることであり、実際の規約はマンションごと

に異なります。多くのマンションでは標準管理規約を参考にして規約が作成されていますが、リフォームを行う場合には実際に規定されているマンション管理規約を見て、必要な事柄を把握します。

実際にリフォームを行う場合には、近隣住民とトラブルにならないように配慮することが必要です。事前にリフォーム工事を行うことを伝えて、工事が始まった後のトラブルの発生を予防します。

また、リフォーム工事による騒音を防ぐための措置を講じることも必要です。騒音の発生を防ぐための方法が、あらかじめ規約で定められている場合もあります。水回り関係の備品をリフォームする場合には、漏水事故が起こらないように注意することも必要です。

リフォームを承認する理事長などにも、リフォームの工程計画をよく確認してもらうようにしましょう。

● どのような業者を選んだらよいのか

リフォームすることを決めた場合、どこの業者に発注すべきかを決めなければなりません。よく、不動産会社から勧められるがままに決めるのではなく、必ず自分でその業者の評判を調べたり、他の業者と比較してみましょう。

マンションのリフォームの場合、規約を守りながら進めていく必要がありますので、マンションリフォームの実績がある業者を選択する方がよいでしょう。マンションの状況によっては、リフォーム作業中に追加工事が必要になる場合もありますので、見積もりを依頼する際に、状況によって場合分けされた金額提示を行っている業者であるかどうかも大きなポイントになるでしょう。

また、リフォーム瑕疵保険に加入している業者を選択するというのもよい方法です。リフォーム瑕疵保険とは、国土交通大臣の指定を受けた保険法人のみが取り扱っている保険です。業者がこの保険に加入していれば、リフォームの施工中や施工完了後に第三者である建築

士が現場を検査することになります。欠陥が見つかった場合には事業者に保険金が支払われるため、追加費用負担なしに補修を受けることができますし、万が一業者が倒産した場合には発注者が直接保険金を受け取ることができます。

● リノベーションマンションについて

　リノベーションマンションとは、中古マンションを不動産会社がいったん買い取り、大規模修繕を行った後で、再度売りに出しているマンションのことをいいます。「リノベーション」と「リフォーム」はほぼ同義語ですが、より規模が大きく、また、新築時よりも住宅の性能を大きく向上させるような修繕のことを指して「リノベーション」という言葉が使われることが一般的です。

　リノベーションマンションは、新築とほぼ変わらないほどきれいな内装で、デザイン性や機能性が充実していることが多いようです。その上、購入費用は新築と比べてかなり抑えることができますから、人気も集まっているようです。

　たしかに、新築マンションの価格と比べてしまうと安いように錯覚してしまいますが、中古マンションを自分で購入し、同等の修繕を行った方が何百万円も安く済むという場合もあるようです。これは、物件の買い取り・修繕の企画・修繕の実施・営業・販売という一連の作業を不動産会社が手がけるために、会社の利益や手数料などが販売価格に多く含まれてしまうからです。また、リノベーションによって目に見える部分はきれいであったとしても、見えない部分の設備においてトラブルが生じる可能性を忘れてはいけません。とくに、配管設備などは劣化していても見落とされてしまうことが多く、購入後数年で水漏れやカビの繁殖などのトラブルが起こるというケースもあるようです。見えない部分にまで修繕の手が十分入っているかどうか、よく確認することが大切であるといえるでしょう。

5 リフォームローンについて知っておこう

リフォームローンにも賢い利用法がある

● 改装にもお金がかかる

　ローン返済中にも家は古くなり、改修が必要になります。バリアフリーにしたり、子どもの成長に合わせて部屋を増築する必要が生じるかもしれません。しかし、クロスの張り替えでも10万円以上、キッチンや浴室の改装など、大規模なリフォームでは数百万円かかることも珍しくありません。簡単にポケットマネーから払える金額ではありません。そのような場合にリフォームローンを検討することになります。

● リフォームローンとはどのようなものなのか

　リフォームローンの使途は、もちろん、住宅の増改築費用です。融資金額は住宅ローンに比べて低く、保証人や担保を不要とする金融機関も多いようです。その代わり住宅ローンよりも金利を高く設定しています。リフォーム・増築により建物の面積が変わる場合は、改めて登記費用（登録免許税や司法書士手数料など）が必要です。住宅ローンに比べて融資金額が少ないため返済期間も短く、15年以内のことが多いようです。

　また、一定の要件（一定のバリアフリー改修や省エネ改修工事に該当するなど）を満たせば、住宅ローンと同様、税金の控除を受けられることがあります。

● どんな特徴があるのか

　リフォームローンは担保が不要という特徴があります。一方で融資金額は少額でおおむね500万円以内の融資金額で、返済期間も15年以

内と短めに設定されていることが多いようです。無担保であることから、金利についても有担保の住宅ローンなどと比べると高くなります。

● リフォームに住宅ローンを利用する

　住宅ローンをリフォームに利用することも可能です。1000万円以上かかるような大規模なリフォームであれば住宅ローンの利用を検討することになります。リフォームローンが担保不要であったのに対し、住宅ローンは当然担保が必要になりますが、借入金額を大きくできる、借入期間も長くできるといったメリットがあります。

　ただし、住宅購入時に設定した住宅ローンの返済がまだ残っている人については、リフォームに関して、リフォームローンではなく、2つ目の住宅ローンを組むことはできないとされています。

● 住宅ローンの借り換え時にリフォーム資金を上乗せする

　現在住宅ローンを返済中の方がリフォームを行いたい場合、返済中の住宅ローンに加えて、新たにリフォームローンを組むということになってしまいます。このような場合、住宅ローンの借り換えを行ってその際にリフォーム資金を上乗せして融資を受けるというやり方もあります。借り換えには費用がかかりますのでその点の考慮は必要ですが、選択肢として覚えておきたいものです。

● 住宅ローン減税を利用する

　住宅ローン減税制度とは、マイホームの資金を調達するために住宅ローンを組んだ場合に、所得税額から一定の金額の控除を受けられるという制度です。この住宅ローン減税制度は、住宅を新築・取得した場合だけでなく、一定の増改築をした場合、つまり、リフォームをした場合にも適用を受けることができます。

　この制度の適用を受けるためには、さまざまな条件をクリアする

必要があります。たとえば、リフォームする住宅は、自分が所有するものであり、おもに居住のために使われるものでなければならず、床面積は50㎡以上である必要があります。マンションの場合、床面積は登記簿上の専有部分で判断されますので、共用部分は含まれないことになります。また、工事費用は合計で100万円を超えるものであり、10年以上のローンで返済するものでなければなりません。

この他にもさまざまな条件がありますが、これらを充たして確定申告をすることで、年末のローン残高の1％（最高40万円）の所得税額控除を10年間受けることができます。大きな節税対策となりますので、リフォームを検討している場合にはよく確認しておきましょう。

■ リフォームローンのおもな特徴

利用できる人	20歳以上70歳未満など
使いみち	住宅の改良・増改築費用、バリアフリー改装資金、耐震関係の工事資金
融資金額	10万円以上500万円以内など（金融機関によって異なる）
金利	変動金利方式が一般的（固定金利型も利用可能）
返済方法	毎月元利均等返済（ボーナス併用可）
返済期間	1～15年以内など（金融機関によって異なる）
担保	不要の金融機関が多い
保証料	金利に含まれている金融機関が多い
団体信用生命保険	任意（金融機関によっては義務）
事務手数料	金融機関によっては異なる
必要書類	本人確認書類（運転免許証のコピーなど）、収入証明書類（源泉徴収票など）、不動産登記事項証明書、リフォームに関する書類（工事契約書、費用見積書、図面など）

※ 詳細については各金融機関に確認することが必要

Column

先着順と抽選方式の違い

　マンションの売り方には、「先着順の販売方式」と「抽選での販売方式」の2種類があります。文字通り、先に申し込んだ人から販売する方式が「先着順の販売方式」で、抽選に当選した人に対して販売を行う方式が「抽選での販売方式」です。

　マンションの売主が先着順の販売方式を採用する理由には、まずは抽選を行うほどの集客が見込めない場合が挙げられます。せっかくのマンションでも、買い手がつかなければ何の意味もありません。先着順として販売日に顧客を集めることで、周りに対して「人気のある物件なのだな」というイメージを与えることができます。また、マンションの購入意欲がある人を一手に集めることができるため、買い手が購入の決心さえすれば一気に契約へ進むことが可能になります。その一方で、購入を先着順とする場合、売主の想定外の人が先に並んでしまうというリスクも存在します。

　また、先着順での販売方式は、高級マンションを売る場合に使われることがあります。抽選に対して複雑な思いを抱く高級志向の顧客に対して、誠意を示す形で先着順を採用するためです。

　一方、抽選での販売方式を採用するマンションの場合は、相当の人気が予想される物件である場合が多くあります。たとえば、某携帯電話の発売時のように、発売数日前より泊まり込みで並ぶ、という事態を避けたいと考える場合は、抽選での販売方式をとります。

　抽選での販売の場合、売主が意図的に抽選内容を操作することが想像されますが、そのような露骨な抽選はまず見られないため、購入希望者は当選を期待して抽選結果を待つことになります。なお、抽選の倍率の優遇が条件となる会員制度を設けている売主もあるため、積極的に利用すると効果的です。当選後は、希望する間取りから外されないよう、終始にわたって毅然とした態度をとることも重要です。

第 7 章

Q&A でわかる！
マンションをめぐる
法律問題

Question 1 マンションの登記は一般の土地・建物の登記と記載が異なると聞いたのですが、具体的にはどのような違いがあるのでしょうか。

Answer マンションの下にある土地の権利の処理を考慮する点が特徴です。

　マンションには、①複数の人が別々の部屋に対して所有権を持っている（区分所有権といいます）、②一つの建物を共有している、③敷地に対してそれぞれが使用権を持っているという特徴があります。このため、戸数の多い大規模マンションが増えてくると、従来の登記方法のままでは複雑で敷地に対する権利を誰がどれだけ持っているのかがわかりにくい、という不都合が生じます。そこで、分譲マンションなどの区分所有建物の登記簿では、建物全体の表題部（不動産の物理的状況を記載する欄）に一棟の建物に属するすべての専有部分の家屋番号、敷地権の目的となる土地の所在地などを記載し、権利関係を明確化しています。

　敷地権とは、敷地を利用する権利のことです。区分所有建物の場合、土地については区分所有者全員の共有となり、各区分所有者は原則、部屋の面積の割合について、その土地を利用する敷地利用権という持分を有することになります。建物と土地を分離して処分することが禁じられている区分所有建物については「敷地権の登記」がなされており、専有部分の表題部には、敷地権の種類割合（持分）について記載されています。そのため、区分所有者は建物の登記簿に権利移転の登記をするだけで、敷地に対する権利の登記をしたのと同じ効力を得られるようになっています。

Question 2

「わけあり物件」に関心があり、購入を検討していますが、どんなことに注意すればよいのでしょうか。デメリットはあるのでしょうか。

Answer

価格だけでなく保証や物件状況なども考慮して購入を検討することが大切です。

わけあり物件とは、新築マンションのうち売れ残った物件や、モデルルームとして使用した物件など、そのままの状態や価格では売り手がつかなかったアウトレット物件の他に、事故物件や瑕疵物件なども含まれます。このうち、売れ残った物件を別会社が買い取り、割引価格で売りに出す「再販物件」については、物件自体には問題がなく、なおかつ通常の分譲マンションの2～3割、交渉次第ではさらなる値引が期待できる安さが魅力ですが、アフターサービスなどの保証面で不安が残るのが懸念材料であるといえます。具体的には新築物件の販売時には売主はアフターサービス基準書を提示してサービスを行うのが通常ですが、再販物件の場合、売主が変わっているため、現在の売主がアフターサービスを提供しているのか確認する必要があります。また、未入居であっても竣工後1年以上経過している場合には、中古物件扱いとなるため、売主の瑕疵担保責任の期間が10年（新築の場合）から2年に短縮されることになり、雨漏りやひび割れなどの欠陥があった場合に売主に補修請求ができない危険性があります。

なお、人が亡くなっているなどの事故物件なども「わけあり物件」に含まれるため、事故物件でないか確認する必要があります。

Question 3

手付金を没収されることがあると聞きましたが、どのような場合なのでしょうか。相手の説明に問題があったような場合も同様なのでしょうか。

Answer

買主側の都合で解除する場合に没収されますが、相手の説明に問題がある場合は事情が異なります。

「マンションを購入したが、急に転勤が決まった」などの理由でせっかく購入したマンションの売買契約を解除する場合、事前に交付した手付金が没収されることになります。マンション購入時に買主から売主へ交付される手付金には、手付金の金額だけの損失を覚悟すれば、相手方に債務不履行がなくても契約を解除することができるという「解約手付」としての意味合いが含まれています。そのため、転勤や当てにしていた資金が調達できなくなったなど、買主側の都合（自己都合）で契約を解除する場合には、交付した手付金を放棄する必要があるので没収されてしまうというわけです。

ただし、相手方の説明に問題があった場合、宅建業法では、不動産仲介業者に対し売買物件における重要事項につき調査し、委任者に告知すべき義務を定めていることから、説明義務違反に該当する可能性があります。契約の目的を達成できない場合には契約を解除することができ、支払った手付金は返還されることになります。なお、説明義務違反に該当しない場合でも説明に落ち度があったことを理由に没収される手付金の額が減額される可能性がありますので、粘り強く交渉してみるようにしましょう。

Question 4

分譲マンションの一室を購入したのですが、支払う管理費の負担割合がよくわかりません。管理費はどのように負担するものなのでしょうか。

Answer

原則として専有部分の床面積の割合によって決まります。

マンションでは、出入口や、廊下、エレベーターなどの施設を区分所有者全員が共同で利用します。これらの共用部分は、区分所有者全員の共有に属するとされています。そして共用部分の管理に必要な費用が管理費です。エレベーターの維持費や管理人の人件費、階段・廊下の電気代だけでなく、共用部分などに係る火災保険料、その他の損害保険料や経常的な補修費、ゴミ処理費などもこれにあたります。分譲マンションについて定めている「建物の区分所有等に関する法律」では、管理費等負担の割合は、原則として各区分所有者が持つ専有部分（マンション一室）の床面積の割合によって決まるとしています。

たとえば、160㎡の部屋を所有している人は、80㎡の部屋を所有している人の倍の管理費を払うということになります。

ただ、マンションの規約でとくに負担の割合が規定されている場合には、その規定に従います。

通常の分譲マンションでは、管理費や修繕積立金、また組合費といった諸経費の負担割合や具体的な金額は規約に定められています。まずは規約をもう一度読み直してみましょう。規約に何の記載もない場合には、分譲業者に問い合わせてみるとよいでしょう。

Question 5
中古マンションを購入する場合、前の持ち主が管理費などを滞納しているとその分を支払わなければならないことがあると聞きましたが、本当なのでしょうか。

Answer
部屋の新所有者が管理費等の支払義務を引き継ぐことになります。

　結論からすると、前の持ち主が滞納している管理費などを支払わなければなりません。「建物の区分所有等に関する法律」によれば、中古マンションを取得した人は、取得したマンションについて、前の所有者が管理費などの滞納があった場合、取得者がその滞納の事実を知っていたか否かを問わず、全面的に滞納していた管理費や修繕積立金などの支払義務を引き継ぐことになっています。

　不動産業者から中古マンションを購入する場合、不動産業者は、購入者に対して滞納管理費などについての説明をする義務があります。そこで、これに反して不動産業者が購入者に説明をしなかった場合には、その不動産業者に対して損害賠償などの責任を追及することができます。

　なお、裁判所の競売物件の場合は、競売事件の記録に支払義務についての記載があるはずです。落札に参加するつもりなのであれば、その旨をきちんと確認するようにしましょう。滞納管理費などの記載がある場合は、競売物件の購入後に、その金額を当然に支払わなければなりません。物件が格安であるという場合は、何らかのマイナス部分があるかもしれないという認識を持つことが必要です。

Question 6

駐車場つきのマンションを購入しましたが、引越し後になって「駐車場が使えない」と不動産会社に言われた場合、契約は解除できるのでしょうか。

Answer 代替駐車場の手配などが行われない場合、解除可能です。

　駐車場つきのマンションの売買契約で、駐車場を使えない場合はマンションの売買契約自体の解除事由になります。マンション以外の場所に駐車場を確保するためには別途の料金が必要ですから、駐車場が使えないことは契約の重要部分に誤りがあることになります。まずは、不動産会社に対して、相当な期間内に代替駐車場を確保するように催促することが妥当です。その後、代替駐車場を確保するまでの駐車費用などを不動産会社に請求するのがよいでしょう。それでも、不動産会社が駐車場を用意できなかった場合には、契約解除もやむを得ないでしょう。

　話は変わりますが、入居後、定めた契約期間が経過した場合に、駐車場契約の更新を拒否されることはあるのでしょうか。マンションの購入と駐車場を借りる契約が一体となっていれば、原則として駐車場契約の更新を拒否することはできないので、契約は続行することになります。したがって、駐車場つきのマンションとしてそのまま居住できます。

　なお、駐車場だけの賃貸借なら、借地借家法は適用されませんから、「更新しない」といわれると、契約は打ち切られてしまいます。賃貸借契約を結んだときに、駐車場つきで一体の契約をしたのかどうか確認してみましょう。

Question 7

手付金150万円を支払った完成前のマンションの解約を申し入れたのですが、マンションの完成が近いことを理由に違約金を請求されました。手付の放棄だけでは足りないのでしょうか。

Answer

原則、手付の放棄で足りますが、事情により違約金を請求されることもあります。

　売主が履行に着手するまでは、買主は手付金を放棄して契約を解除することができます。問題となっているマンションの契約は、着工前から設計が確定していて完成を待って引き渡される、いわゆる青田売りのマンション分譲契約だと思われます。この契約は、買主の注文を受けて建築されるものではなく、契約段階で提示された設計図に基づいて建築され、完成後に顧客へ引き渡すことを予定したものです。つまり、いくら工事が進んでいたとしても、あなたという特定の買主の注文に従って建築されたものではありません。ですから、仮にあなたが解約したとしても、他の顧客へ販売することは容易であり、工事が進んだために損害が発生したとはいえません。したがって、「履行の着手」には該当せず、手付金の放棄だけで解約できると解するのが一般的です。

　ただ、最近では間取りや内装について買主の希望を取り入れて、部分的に設計を変更する契約もあります。その場合は、変更部分に工事が差しかかった段階で解約されると損害が発生する可能性があります。この場合は、「履行の着手」にあたり、解約するには手付金の没収の他、違約金を支払わなければなりません。

　あなたの場合はそのような事情も伺えないことから、手付金150万円の放棄だけで解約することができます。

Question 8

作曲家という職業柄、昼も夜も静かな環境を求めてマンションを購入したのですが、表示通りの防音性を備えていない場合、どうすればよいのでしょうか。

Answer

管理組合を通して、販売業者や建設業者に補修工事等の責任を追及できます。

　作曲家が購入したマンションについて、具体例で考えてみましょう。たとえば、幹線道路に面しているマンションで、パンフレットには「静かな住環境（遮音性能は1級）！」と謳っていました。ところが実際に住んでみると、車の騒音がかなり入ってきて、仕事や睡眠にも支障が生じており、他の部屋の住民も怒っているというケースだったとしましょう。

　パンフレットに記載されていたのであれば、それを根拠に、販売業者や建設業者に対して責任の追及をすることは可能です。あなただけが被害にあっているわけではないようなので、管理組合に相談しましょう。管理組合として意思の統一を図った上で、1級なら1級の防音性が実現されるように、補修工事の施工を業者に対して追及していきます。この種の事例では、住民が個々に苦情を言って交渉するよりも、団体で交渉した方が効果的です。管理組合で意見が一致したら、現状を詳しく調査します。自治体で測定器を借りるなどして、防音性能を調べます。部屋ごと、各時間帯別に調査して記録しておきます。資料が整ったら、管理組合として、業者と交渉します。交渉が難航する場合には、住環境などを得意とする弁護士を雇って代理人としましょう。それでも補強に応じないようなら、弁護士と相談の上、訴訟を提起します。

Question 9 建物に日照をさえぎられる場合、日照権侵害を理由に工事差止めや損害賠償請求をすることはできるのでしょうか。

Answer 建物等による日照権侵害が、通常我慢するべきと考えられている範囲（受忍限度）を超えている場合には、損害賠償請求や差止請求ができます。

　民法で定める不法行為に基づく損害賠償請求や、差止請求が認められるためには、権利に対する侵害が必要です。殴られたことによって骨折した場合などのように、生命・身体に対する侵害は、権利に対する侵害があると理解することは、困難なことではありません。それでは、たとえば自宅の横に高層ビルが建って、全く日が当たらなくなってしまったような場合のような、日照妨害についても、これを権利の侵害ととらえることは可能でしょうか。

　日照権とは、一般に最低限度の日照を守るための権利であるといわれています。そして今日では、憲法25条が定める生存権の一環として、人格的な利益の1つであると考えられています。しかし、日照が妨害されれば直ちに不法行為が成立するわけではなく、その日照妨害が、互いに我慢するべき範囲（受忍限度）を超えているかどうかによって決まります。受忍限度を超えているかどうかは、個別のケースについて具体的に判断されます。裁判所は、おもに法に定める日影規制に対する違反の有無、被害の程度、地域の特性、先住性、加害建物と被害建物の用途や性格などを総合して判断します。加害建物の用途や性格も、受忍限度を判断する際には重要な判断要素となる点に注意が必要です。受忍限度を超

えていると判断された場合には、損害の賠償や、工事の差止を請求することができます。以下では、日照障害が問題となるいくつかの事例を、具体的に見ていきたいと思います。

・**日照を遮っている建物が複数ある場合**

　たとえば、別々に建てられた3棟のビルによって日照がさえぎられている場合などが挙げられます。このケースのように1つの建物によってではなく、複数の建物によって生じる日影を、一般に複合日影といいます。複合日影は、1つの建物と比べて各建物による日影が重なり合う部分と、各建物が独自に作る日影の部分とがあり、日影の範囲が広くなります。日影による被害についての不法行為による損害賠償請求についても、複数の建物が複合した結果、被害が大きくなっていることが受忍限度を超えていると判断される場合に、それぞれの建物に対して損害賠償を求めることができます。

・**日照権を侵害しているのが公共の機関である場合**

　日照の問題が発生しそうな原因となる建物が、市立の大学など公共機関の場合、民間人を相手にする場合と同様の対応をしてよいのかが問題となります。日照権は主張できますが、同じ日照被害を生じさせる私的で営利目的の建物と比べて、建築工事の差止請求などが認められる度合いは低いと一般的に考えられています。日照が妨害される場合、被害の程度が社会通念上の受忍限度を超えていれば、不法行為として損害賠償の請求や建築工事の中止などの差止請求ができます。

・**日照権を主張する場所が商業地である場合**

　たとえば自宅と店舗を兼ね備えた家屋の隣の店の店主が高層ビルを建てようとしている場合などが挙げられます。一般に店舗の受忍限度は広いといえますが、店舗と住宅を兼ねる建物は、実態が住居地域と変わらないため住居等と同一の日照権を主張できます。

Question 10
購入後に「雨漏りすることで有名な欠陥マンション」であることを知りました。修理はしているようですが、今から解除することはできないのでしょうか。

Answer 説明義務違反を理由に契約を解除し、手付金の返還を求めることができます。

　マンションなどの不動産取引において不測の損害やトラブルが生じないように、宅建業者（不動産業者）には、売買契約前に土地建物についての重要事項を書面（重要事項説明書といいます）にして買主に交付することが宅建業法上義務付けられています。もっとも法律上この説明書に記載される重要事項として明示されているのは、①土地建物についての法令上の利用制限や、②売買代金とその支払方法といった項目で、雨漏りを修理した事実は明文では重要事項とはされていません。

　しかし、明文で重要事項とされていなくても取引上重要だと考えられる事項については説明義務があるとされています。とくに仲介業者が大手の場合には契約の際、雨漏り、シロアリの害、木部の腐食といった建物の現況について報告する物件状況等報告書の作成が自主ルールとして採用されています。

　このケースでは、「雨漏りすることで有名な欠陥マンション」であった以上、修理していたとしてもあらかじめ仲介業者側にその旨を説明する義務があったといえます。

　したがって本ケースでも説明義務違反（債務不履行）を理由に売買契約を解除し、支払った手付金の全額を返還するように請求することができます。

Question 11

先日、大きな地震があり、購入したばかりの中古マンションが大きく損壊してしまいました。何らかの修繕工事が必要だと思うのですが、その際にはどのような手続きを踏む必要がありますか。

Answer

損壊の程度がマンション価格の2分の1を超える場合には修理に議決が必要になります。

地震によりマンションが損壊し、その損壊した部分の価格がマンション全体の価格の2分の1以下である場合には、各区分所有者は自己の判断で、マンションを修理することができます。

また、地震による損壊した部分の価格がマンション全体の2分の1を超える場合には、区分所有者と議決権の4分の3以上の賛成を得て決議をすることで、マンションを修理することができます。議決が必要な理由は、この場合は共用部分の形状や、効用の変更が著しい場合であると考えられるためです。なお、この議決にあたり、マンションの修繕に反対した者は賛成した者に対して、自己の権利を買い取るよう請求することができます。

さらに、マンションの建替えをする場合には、区分所有者と議決権の各5分の4以上（区分所有者の頭数の5分の4以上、かつ、議決権の5分の4以上）の賛成による決議が必要です。

なお、地震により自分の部屋の水道管が壊れ、水漏れが原因で下の階の住民に損害を生じさせてしまった場合、原則として水漏れが起こった部屋の住民が下の階の住民に対して損害賠償責任を負います。ただし、地震の規模が大きく、水漏れによる損害の発生を防ぐことが不可能だった場合には、不可抗力として損害賠償責任が発生しない可能性が高いといえます。

第7章 Q&Aでわかる！ マンションをめぐる法律問題

Question 12

出納業務などの管理を管理会社に委託している場合で、マンションの管理を委託している管理会社が倒産すると組合員から集めた管理費や修繕積立金はどうなるのでしょうか。

Answer

管理費や修繕積立金などは管理組合の財産として保護されます。

　組合から委託を受けた管理会社が管理費などを管理する場合、組合財産の分別管理が義務付けられています（マンション管理適正化法76条）。組合の財産は、管理会社の財産とは別個に管理しなければなりません。管理組合が法人化していれば、法人の名義で財産を管理します。それ以外の場合は、理事長の名義の口座で管理します。

　口座の財産は、管理組合が実体として存在し、財産の管理責任が管理組合にあると認められれば、組合のものだと認められます。

　管理会社が倒産した場合、金融機関に預金が管理組合のものだと主張しておくことです。もし、債権者から差押を受けた場合に、差押債権者の請求に応じないように求めます。そうすれば、金融機関も払戻を留保するはずです。その間に、集会を開く時間を持つことができます。差押を受けた場合は、集会で民事執行法の「第三者異議の訴え」「執行停止の申立」を提訴することを決議します。

　差押財産は組合財産だと主張して、執行手続きを停止させます。提訴したものの、効力発生前に取り立てられることもあります。その時は債権者への不当利得返還請求や、金融機関への債権存在確認、預金払戻請求を起こしましょう。

Question 13

専用庭がついている分譲マンションの1階を購入しました。早速専用庭に小型の物置を置こうと思うのですが、問題はありませんか。

Answer 専用使用権として認められていれば原則として自由に利用することができます。

　分譲マンションは、土地の所有権（または借地権）付きで分譲されるのが通常です。所有権や借地権など専有部分である各室を所有するための敷地に関する権利を、敷地利用権といいます。

　建物の共用部分と敷地は、もともと各共有者がその持分に従って使用できるものです。ただ、分譲マンションでは、特定の区分所有者が他の区分所有者を排除して、専属的に建物の共用部分または敷地の一部を使用できる権利をもつ場合があります（専用使用権）。分譲する際の契約や規約、集会決議によって、専用使用権の設定ができます。専用庭は敷地の一部ですが、管理規約などによって専用使用権が認められているのが通常です。

　質問のケースの場合、分譲時の契約、規約、あるいは集会決議で専用庭について定められているのであれば、その部屋の購入者に専用庭に関する専用使用権があることになります。専用使用権があるのなら、自由に使用できますから、物置を置く程度であれば問題はないでしょう。

　なお、たとえ専用使用権が認められていても、専用庭を駐車場にするなど他の用途で使用することは、与えられた権限を超えていますからできません。

Question 14

3000万円で新築マンションの部屋を購入した半年後、3200万円だった条件のよい部屋が2500万円に値下げされました。納得がいかないのですが、どうしようもないのでしょうか。

Answer 価格変動は、時間とともに起きるので販売業者に責任を追及することは困難といえるでしょう。

　値引分の差額の請求などを検討しているのかもしれませんが、結論として、販売業者に責任を追及することは難しいでしょう。

　携帯電話を例にあげて考えてみましょう。新機種を2万円で購入した者が、より高性能な新機種が半年後に次々と発売されたため、購入した機種が1万円で売られているのを見て、販売店に責任追及をしたりはしません。値下げは自由主義経済では当然の行動です。あなたは購入時には市場価値をふまえた上で、3000万円という価格が妥当と思ったから、そのマンションの購入を決断したはずです。したがって、その判断から不公平と感じるような結果が生じた場合であっても、それは自己責任の問題です。相場に応じて販売会社が売れ残りのマンションを先の価格よりも値引いて販売しても、当然の経済活動だといえます。

　ただ、マンションの販売会社が、販売価格を値下げしないと約束していた場合や、同時期に同条件の部屋を購入した者の間である人には安く、ある人には高く売っていた、というような場合であれば、販売業者は宅建業法に違反しているとして、差額を取り戻すこともできる可能性がありますが、現実にはこのようなケースはまずないでしょう。

Question 15 分譲業者が破たんした場合どうなるのでしょうか。

Answer 買主としては、契約を解約するかそのまま継続するか選択しなければなりません。

　マンションの売買契約が締結された後に、いまだにマンションの引渡しが完了していない段階で、分譲業者が経済的に破たんしてしまった場合、買主は契約を解約するか、依然として契約を継続するのか選択しなければなりません。

　まず、契約を解約する場合には、マンション購入にあたり手付金を支払っているのが通常ですので、手付金を放棄することで、買主は理由を問わず、売買契約を解除することが可能です。もっとも、分譲業者が破たんしたために、契約を解除しなければならなくなったのですから、買主としては、手付金を没収されることにも抵抗があるかもしれません。この場合は、手付金の保全措置をあらかじめとっておけば、全額返還される保証はありませんが、手付金の返還を期待することが可能です。

　これに対して、契約を継続する場合には、さまざまなリスクを買主が負担しなければなりません。つまり、分譲業者が、実際のマンション建築工事をゼネコン等に発注するのが通常ですので、分譲業者の破たん後、工事の日程は当初の予定よりも大幅に遅れるおそれがあります。また、将来、購入したマンションを売却しようと考えた場合に、破たんした分譲業者から購入したマンションということで、思うように売却できないおそれがあります。

【監修者紹介】
木島　康雄（きじま　やすお）
1964年生まれ。京都大学法学部卒業。予備試験を経て司法試験合格。弁護士（第二東京弁護士会）、行政書士（東京都行政書士会）、作家、総合調査会社「ベストエビデンス」代表。過去20冊以上の実用書の公刊、日本経済新聞全国版でのコラム連載と取材の他、多数の雑誌等での掲載歴あり。現在、旬刊雑誌「税と経営」にて、100回を超える連載を継続中。作家としては、ファンタジー小説「クラムの物語」（市田印刷出版）を公刊。平成25年、ラブコメディー「恋する好色選挙法」（日本文学館）で「いますぐしよう！作家宣言2」大賞受賞。

弁護士実務としては、離婚、相続、遺言、交通事故、後見人、入国管理、債権回収、債務整理、刑事事件等、幅広く手がけている。

監修書に『図解で早わかり　行政法のしくみ』『パート・派遣・請負をめぐる法律知識』（小社刊）がある。

木島法律事務所
〒134-0088　東京都江戸川区西葛西6丁目12番7号　ミル・メゾン301
TEL：03-6808-7738　FAX：03-6808-7783
Meil：a-kitaki@lapis.plala.or.jp

ベストエビデンス
〒150-0043　東京都渋谷区道玄坂2丁目15番1号　ノア道玄坂406号
TEL：0120-724-110　FAX：03-6427-8596
Meil：info@best-evidence.jp

すぐに役立つ
最新　マンションを「売るとき」「買うとき」の法律マニュアル

2016年3月10日　第1刷発行

監修者	木島康雄（きじまやすお）
発行者	前田俊秀
発行所	株式会社三修社
	〒150-0001　東京都渋谷区神宮前2-2-22
	TEL　03-3405-4511　FAX　03-3405-4522
	振替　00190-9-72758
	http://www.sanshusha.co.jp
	編集担当　北村英治
印刷・製本	萩原印刷株式会社

©2016 Y. Kijima Printed in Japan
ISBN978-4-384-04669-4 C2032

Ⓡ〈日本複製権センター委託出版物〉
本書を無断で複写複製（コピー）することは、著作権法上の例外を除き、禁じられています。本書をコピーされる場合は事前に日本複製権センター（JRRC）の許諾を受けてください。
JRRC（http://www.jrrc.or.jp　e-mail：info@jrrc.or.jp　電話：03-3401-2382）